一个属于阿尔泰语系的游牧民族，一个文化系统和汉藏语系的汉文化迥然不同的群体，改用汉文来表述自己，这本身就是一部艰苦创业和艰辛探索的伟大历史，同时也在不断拓展裕固族对世界的认识。总之，裕固族是我国统一的多民族大家庭中的一个自成体系的民族。

走近中国少数民族丛书

主　编/丹珠昂奔

裕固族

Yuguzu

董瀟红　王政德　著

辽宁民族出版社

图书在版编目（CIP）数据

裕固族 / 董潇红，王政德著. —沈阳：辽宁民族出版社，2014. 12（2020.5重印）
（走近中国少数民族丛书 / 丹珠昂奔主编）
ISBN 978-7-5497-0955-7

Ⅰ. ①裕… Ⅱ. ①董… ②王… Ⅲ. ①裕固族—民族历史—中国 ②裕固族—民族文化—中国 Ⅳ. ①K283.5

中国版本图书馆CIP数据核字（2014）第310907号

走近中国少数民族丛书 · 裕固族
ZOUJIN ZHONGGUO SHAOSHU MINZU CONGSHU · YUGUZU

丛书策划 / 李凤山

出版发行者：辽宁民族出版社
地　　址：沈阳市和平区十一纬路25号　邮编：110003
印 刷 者：晟德（天津）印刷有限公司
幅面尺寸：170mm×240mm
印　　张：10.25
字　　数：152千字
出版时间：2014年12月第1版
印刷时间：2020年5月第2次印刷
责任编辑：李凤山　吴昕阳
封面设计：杜　江
责任印制：杨　雪
责任校对：边京爱

标准书号：ISBN 978-7-5497-0955-7
定　　价：38.00元

网　址：www.lnmzcbs.com　邮购热线：024-23284335
淘宝网店：http：// lnmz2013.taobao.com
如有印装质量问题，请与出版社联系调换　联系电话：024-23284340

《走近中国少数民族丛书》编辑委员会

《走近中国少数民族丛书》作者名录

《蒙古族》 萨仁图娅（蒙古族）
《回族》 许宪隆（回族） 张龙（汉族）
《藏族》 丹珠昂奔（藏族）
《维吾尔族》 艾克拜尔·吾拉木（维吾尔族）
买力克·买买提（维吾尔族）
伊利迪尔（维吾尔族）
《苗族》 石莉芸（苗族） 李云兵（苗族）
《彝族》 陈国光（彝族）
《壮族》 黄佩华（壮族）
《布依族》 周国炎（布依族）
《朝鲜族》 黄有福（朝鲜族）
《满族》 于今（满族）
《侗族》 杨筑慧（侗族）
《瑶族》 玉时阶（壮族）
《白族》 董建中（白族）
《土家族》 罗中（土家族） 罗午（土家族）
《哈尼族》 朱志民（哈尼族） 李泽然（哈尼族）
《哈萨克族》 艾克拜尔·米吉提（哈萨克族）
伊拉达·拉音别克（哈萨克族）
《傣族》 赵瑛（傣族）
《黎族》 罗文雄（黎族）
《傈僳族》 鲁建彪（傈僳族） 欧光明（傈僳族）
《佤族》 郭锐（佤族）
《畲族》 钟亮（畲族）
《台湾少数民族》 林华（台湾少数民族）
《拉祜族》 苏翠薇（拉祜族）
《水族》 韦学纯（水族）
《东乡族》 马兆熙（东乡族） 马自祥（东乡族）
《纳西族》 白庚胜（纳西族） 孙淑玲（汉族）
白羲（纳西族）
《景颇族》 金黎燕（景颇族）

《柯尔克孜族》 阿地里·居玛吐尔地（柯尔克孜族）
《土族》 祁进玉（土族） 东永学（土族）
《达斡尔族》 毅松（达斡尔族）
《仫佬族》 黎学锐（仫佬族） 黎炼（仫佬族）
《羌族》 雍继荣（羌族） 罗吉华（羌族）
周发成（羌族）
《布朗族》 陶玉明（布朗族）
《撒拉族》 马成俊（撒拉族） 马建新（撒拉族）
《毛南族》 韩德明（汉族）
《仡佬族》 周小艺（仡佬族）
《锡伯族》 阿苏（锡伯族） 盛丰田（锡伯族）
何荣伟（锡伯族）
《阿昌族》 们发延（阿昌族） 张斯齐（蒙古族）
《普米族》 朱凌飞（汉族） 杨周明（普米族）
《塔吉克族》 西仁·库尔班（塔吉克族）
阿力木江·西仁（塔吉克族）
《怒族》 李月英（傈僳族） 张芮婕（傈僳族）
《乌孜别克族》 古丽巴努木·克拜吐里（维吾尔族）
《俄罗斯族》 乃珂热曼·依布拉音（塔吉克族）
《鄂温克族》 黄任远（汉族） 那晓波（鄂温克族）
《德昂族》 袁丽华（汉族） 王燕（汉族）
《保安族》 马少青（保安族）
《裕固族》 董潇红（裕固族） 王政德（藏族）
《京族》 吕俊彪（汉族）
《塔塔尔族》 卡米力·库尔马尤夫（塔塔尔族）
《独龙族》 李金明（独龙族）
《鄂伦春族》 王为华（汉族）
《赫哲族》 黄任远（汉族）
《门巴族》 陈立明（汉族） 张媛（汉族）
《珞巴族》 陈立明（汉族） 李锦萍（汉族）
《基诺族》 朱映占（汉族）

总序

中国是一个统一的多民族国家。几千年来，有着悠久历史和灿烂文化的少数民族，与汉族一道，在中华大地上繁衍生息，共同开发着这块土地，建设、发展、捍卫着这个古老而伟大的国家。各民族都是兄弟，相互离不开，都是这个国家的主人。习近平总书记在第二次中央新疆工作座谈会上发表重要讲话，指出："要坚定不移坚持党的民族政策、坚持民族区域自治制度。民族团结是各族人民的生命线。要高举各民族大团结的旗帜，在各民族中牢固树立国家意识、公民意识、中华民族共同体意识，最大限度团结依靠各族群众，使每个民族、每个公民都为实现中华民族伟大复兴的中国梦贡献力量，共享祖国繁荣发展的成果。各民族要相互了解、相互尊重、相互包容、相互欣赏、相互学习、相互帮助，像石榴籽那样紧紧抱在一起。""要在各族群众中牢固树立正确的祖国观、民族观，弘扬社会主义核心价值体系和社会主义核心价值观，增强各族群众对伟大祖国的认同、对中华民族的认同、对中华文化的认同、对中国特色社会主义道路的认同。"因此，坚持平等、团结、互助、和谐的社会主义民族关系，不断增进了解，深化友谊，建立牢不可破的感情基础，是中国社会转型期、改革攻坚期、矛盾多发期保持社会稳定、发展的基本要求，也是实现中华民族伟大复兴的中国梦的基本要求。

为了进一步宣传我国少数民族的历史文化和民族风情，增强对少数民族的认识，宣传党的民族政策和方针，加深对党的民族政策的理解，加强各民族之间的了解与沟通，让读者了解少数民族，中华人民共和国国家民族事务委员会文化宣传司和辽宁民族出版社共同组织了《走近中国少数民族丛书》。

《走近中国少数民族丛书》的编写有以下三个特点：第一，采用图文并茂的形式、鲜活生动的语言、特色浓郁的图片与丰富的民族常识链接，向读者展示我国55个少数民族的历史渊源、民族变迁、社会生活、文化艺术、风俗习惯、历史人物和民族区域自治政策的伟大实践。第二，作者多为本民族的专家学者和与民族研究工作相关的专家学者，对自己撰述的对象既有深厚的知识积累，也有真挚的情感。第三，内容彰显了历史与现实、民族文化与地域文化、民族区域自治地方与散杂居地区少数民族生产生活的多彩画卷和轨迹，引导读者走近少数民族，聆听他们的古老传说，感受他们的发展变化，加深彼此的沟通和了解。这套《走近中国少数民族丛书》是面向民族干部和各级干部通览我国少数民族概况的普及读本，也是图书馆的必备藏书。

《走近中国少数民族丛书》所揭示的每一个民族的历史，都承载着这个民族的文化，也承载着这个民族的发展和未来。中华大地孕育的55个少数民族多彩斑斓的民族文化，同汉族文化一道从远古走到今天，汇入了中华文化壮阔的历史长河。“共同团结奋斗，共同繁荣发展”，保护、传承和弘扬少数民族优秀文化，不仅是推动我国民族团结进步事业的重要内容，也是构建和谐社会、实现中华民族伟大复兴的中国梦的重要使命。期待通过《走近中国少数民族丛书》，使广大读者徜徉于少数民族多彩风情的同时，更加深刻地了解和认知中华民族多元一体的文化内涵，感受中华民族悠久历史的深远与厚重。

丹珠昂奔

2014年6月26日

前言

裕固族 古老而又神秘的民族

一个民族的繁荣和社会文化的传承首先基于对本民族的特殊情感，这份情感也是奠定人们对社会、国家产生认同感的基础。民族文化具有唯一性和不可变更性。通过本书，我们更加懂得珍惜自己家乡的本土文化，促进文化的沟通、情感的交流和智慧的传承，加深人们对本民族的认同感，进而由小至大，将这种爱家乡情怀扩及为爱国家的胸怀。同时也使我们从对本民族文化的珍惜、爱护中，学会给予其他民族文化同等的尊重，彼此包容，使多元的文化能于社会中共存、共荣，从而培养我们宽容、豁达、实事求是的价值观、人生观和世界观。从这个角度看，本书的意义在于，它贴近生活，让我们知道“我们是谁”“我们从哪里来”“我们居住在一个什么样的地方”，有一种“根”的意识。

我国是一个统一的多民族的大家庭，任何一个民族都是在历史发展过程中和其他民族相融合而形成的，没有一个民族是纯粹的，我们也绝不能简单地将一个民族同古代某一民族画等号，裕固族也是这样。裕固族的族源，即形成裕固族的主要成分，既有以回鹘王室的后裔为首的古代回鹘、突厥各部，也有13—14世纪的蒙古各部，以及一部分藏族人和汉族人。

那么，方志所载为何多以其为蒙古人之后裔？因为方志撰写者所接触的以“黄番总头目”为首的大小头目，都是安姓蒙古贵族的后裔，于是就这样认定了。可是为什么新中国成立前或海外的学者又竭力主张古代回鹘人之苗裔说呢？原来他们只从族称的演变，以及汉文史籍的记载来进行研究，缺乏实地考察，故也不免失之于片面。当然，我们不能苛求前人，今天的许多成果就是在前辈们辛勤劳动的基础上向前迈步的。

裕固族至今仍操两种语言，互不通话，这是历史原因造成的。一般来说，处于统治地位的民族语言和文化，往往成为整个民族的语言和文化。但在裕固族的形成过程中出现了两个部落集团，一为突厥、回鹘各部；一为亚拉格部落。因而就形成了以亚拉格部落为核心和以“黄番总头目”安姓蒙古贵族为核心，两个势均力敌的部落集团，各自保留着古老的语言。加之东迁后，受周围汉族地区的影响，汉语成了共同的交际工具，而且各自大量借用汉语词汇及藏语词汇，削弱了本民族共同语言的形成，故至今裕固族仍然存在着两种分属不同语族的语言。

通过裕固族族源问题的论述，我们还可以得出这样一个初步的看法，即裕固族的形成，始于13—14世纪的元代及明初的关外诸卫时期，而形成于东迁后的明末清初。此时除民族语言分为两大支之外，裕固族已经具备了一个民族的其他诸要素，即有共同的地域和共同的经济生活。特别是在反抗明清统治者的民族压迫斗争中，所凝结成的“七族黄番不分家”这样一种共同的心理素质，促进了裕固族的形成。

从文化的传承而言，在突厥人时代，裕固族的先祖就有了突厥文、回鹘文，而且拥有了像“鄂尔浑叶尼塞碑铭”那样的史诗性书面文学作品和敦煌出土的颇具规模的佛经文学作品。不过，裕固族长期漂泊不定的游牧生活，历史上连绵不断的战争和迁徙，使书面文学未能广为传播。但是裕固族民间文学内容丰富，形式多样，有神话、传说、故事、民歌、叙事诗等。尤其民歌独具风格，曲调朴实优美。有学者认为裕固族民歌格律，分别与古代文献中记载的突厥语民歌、蒙古族民歌有许多共同之处，其中还保留着一些与《突厥语词典》中记载的四行一段押尾韵的民歌形式相一致的民歌，同时又吸收了汉族的小调，回族和东乡族的“花儿”，藏族的山歌、《酒曲》以及蒙古族的《划拳曲》等，并且把各种风格巧妙地融为一体，成为独具本民族特色的民歌。叙事诗有叙述和歌唱两部分，以唱为主，以叙为辅。在神话、传说中，保留着本民族不同历史时期的政治、经济、文化、宗教、习俗、观念等诸方面的原始素材。有些英雄传说故事中还保留有我国北方游牧民族非常古老的母体。

从广义上来说，古代北方的匈奴、突厥、回鹘和蒙古的文学都可算作是裕固族先民的文学。裕固族的先辈们先后使用过突厥文、回鹘文、藏文、回鹘式蒙古文和八思巴文。在历史的不同阶段，他们分别用这些文字创作了大量的优秀文学作品，包括那些在鄂尔浑河石碑上的突厥文、回鹘文，那是难得的历史见证，也是优美的文学作品。除了现在还留在石碑上的文学作品和贮藏他处的大量回鹘文佛经摩尼教文献外，还有著名的《匈奴歌》和《乌古斯汗的传说》，北朝时回鹘人的先民敕勒人更有一首流传至今的民歌——《敕勒歌》：

敕勒川，阴山下。
天似穹庐，笼盖四野。
天苍苍，野茫茫。
风吹草低见牛羊。

这首古代游牧民族的歌谣是546年，敕勒部将军斛律金在一次惨烈的战斗结束后所唱的，这就是裕固族的直系先民所创作的歌谣。我们常常以先辈们留给我们的这些丰富的文化遗产而自豪，也不断从这些文化中汲取自信、灵感和力量。

裕固族先民自400多年前东迁到祁连山一带时还在使用着古代回鹘文。1957年，裕固族社会历史调查小组的报告中记载，金泉区景耀乡(今大河乡)的安提经高僧和康隆寺的安正虎老人说裕固族先辈们使用创自13世纪的八思巴文，用藏语叫“霍尔意格”。据部分僧人们说，在1958年前各寺院都有八思巴文的书籍，可惜1958年一把火全烧了。裕固族先民信仰藏传佛教格鲁派后，在官方和宗教界都使用藏文。当时有部分人用藏文创作过相当数量的诗歌和其他形式的作品，如著名的智华活佛（青海支扎寺大活佛），他的作品几乎不为裕固人所知，可在藏语圈内和国外都有人知道他，影响很大。更重要的是，裕固人还不知道这位活佛是裕固族额金尼部落的人。本族人对如此著名的学者和作家的作品至今一无所知，令人心痛。

一个属于阿尔泰语系的游牧民族，一个文化系统和汉藏语系的汉文化迥然不同的群体，改用汉文来表述自己，这本身就是一部艰苦创业和艰辛探索的伟大历史，同时也在不断拓展裕固族对世界的认识。

总之，裕固族既不能视为维吾尔族的一部分，也不是蒙古人的后裔，更不是藏族的一个支系，而是一个历史悠久的民族，是我国统一的多民族大家庭中的一个自成体系的民族。

《走近中国少数民族丛书·裕固族》尽可能比较全面地介绍裕固族情况。通过对裕固族的介绍，读者可以对裕固族有一个全面了解，如今的裕固族更是一个民主平等、与各兄弟民族团结互助飞速发展的民族。

目录

总序 …… 001

前言 …… 003

第一章　历经沧桑的民族 …… 009

族称 …… 010

族源 …… 011

部落与户族 …… 014

姓氏 …… 017

第二章　宗教信仰 …… 021

原始宗教——萨满教 …… 022

摩尼教 …… 036

佛教及藏传佛教（喇嘛教） …… 037

佛教寺院 …… 039

第三章　多彩风情 …… 049

饮食 …… 050

服饰 …… 058

居住 …… 067

节庆 …… 072

第四章　传统礼俗 …… 077

礼仪 …… 078

婚俗 …… 080

丧葬 …… 086

禁忌 …… 088

第五章　魅力文化 …… 091

语言文字 …… 092

民间文学 …… 096

音乐与舞蹈 …… 106

工艺美术 …… 111

传统体育 …… 114

第六章　民族区域自治 ······ 121
肃南裕固族自治县 ······ 122
黄泥堡裕固族乡 ······ 127

第七章　民族经济 ······ 133
畜牧业 ······ 134
工业 ······ 136
林业 ······ 137
手工业 ······ 138
交通运输 ······ 141

第八章　杰出人物 ······ 145
智华加木参 ······ 146
安进朝 ······ 146
顾嘉堪布 ······ 147
安·贯布什嘉 ······ 147
贺遐志 ······ 148
郭怀成 ······ 148
拉姆什旦 ······ 149
老藏丹巴 ······ 149
郑桂兰 ······ 150
安国庆 ······ 151
杨永贤 ······ 151
安国锋 ······ 152
钟进文 ······ 153
安永贵 ······ 154
黄晓军 ······ 154
参考文献 ······ 155
图片提供者 ······ 156
后记 ······ 157

第一章
历经沧桑的民族

祁连山北麓、河西走廊中部，为肃南裕固族自治县所在地，这里生活着我国古老而又神秘的民族——裕固族。

族称

裕固族世居河西走廊，它的发展同“丝绸之路”的兴衰紧密相连。裕固族的族称在不同历史时期有不同的称谓：元代称“撒里畏吾”，明代称“撒里畏兀儿”，清代称“锡喇伟古儿”“西喇古儿黄番”，民国时称“尧呼尔”。在同一历史时期，不同史书也有不同译名，仅“撒里”一词就有“西喇”“锡拉”“撒拉”“苏勒”“疏勒”“素勒”等不同译法。后来又有人根据本民族语言“撒里”的基本词义，直译为“黄”，形成了“黄维吾尔”“黄回鹘”“黄番”“黄藏”等，十分混乱。1953年7月15—18日，酒泉专署主持召开了祁连山北麓各族各界人士座谈会，成立了肃南县筹备委员会，协商了关于成立自治区（县级）的有关事宜，经各族人民协商讨论，一致同意以本民族的自称“尧敖尔”音近似的“裕固”（兼取汉语“富裕、巩固”之意）作为全民族的族称。

知识链接 “尧敖尔”一词在突厥语中的本意为“联合”或“联盟”。

皇城秋色

族源

关于裕固族的族源，学术界曾有过不同意见。随着研究的深入，至20世纪80年代，基本上达成了共识，认为其源于7世纪居住在今蒙古人民共和国的色楞格河和鄂尔浑河流域的“回纥”。而其最早的先民，还可上溯至公元前3世纪的“丁零”和4世纪的“铁勒”。

公元前3世纪，在我国北部和西北部的广大草原地区，分布着众多操突厥语的游牧部落，汉文史籍统称为“丁零”。丁零分东、西两支：东支游牧于今贝加尔湖以南；西支游牧于今额尔齐斯河和巴尔喀什湖之间，两支均处于匈奴控制之下。据《三国志·魏书》记载，公元1世纪，有一部分丁零部落脱离匈奴的统治，游牧于今河西走廊一带。

公元1世纪末，匈奴西迁后，丁零逐渐南移。4世纪时，东支已达鄂尔浑河流域，西支则游牧于天山北部和西部的草原地带，“袁纥”为其中之一部，是史籍中最早出现的对回纥人的称谓。

肃南大河乡榆木山黑石头沟匈奴时期岩画

6世纪中叶，原居住在阿尔泰山一带的突厥部崛起，占领额尔浑河流域，建立起强大的突厥汗国，不久分裂为东、西两大汗国，铁勒诸部均处于东突厥汗国的统治下。在反抗东突厥汗国统治者的斗争中，韦纥（袁纥、回纥）、仆骨、同罗、拔野古等诸部逐渐联合起来，形成以“韦纥”为核心的部落联盟，史称“外九部”。这个联盟统称“回纥”，最高首领为“俟斤”。回纥部内又分为9个氏族，称“内九族”或“九姓”，回纥酋长则产生于“九姓”中的药罗葛（药乐葛）氏。

7世纪初，回纥酋长菩萨在马鬃山以5 000骑破突厥10万之众，声威大振，于是建“牙帐”（汗国首府）于独乐水畔（今蒙

▲

夏日塔拉

古人民共和国土拉河），自称“颉利发”。7世纪中叶，回纥首领吐迷度出兵助唐灭“薛延陀”，接着唐朝政府便在漠北地区实行府州制度，以回纥部为瀚海都督府，委任吐迷度为怀化大将军兼瀚海都督。

7世纪末，突厥复兴，创建第二突厥汗国，回纥部又被突厥人统治。唐武后（周）时，一部分回纥迁至甘（今张掖）、凉（今武威）一带游牧，受唐政府保护。8世纪30年代末，第二突厥汗国发生内讧，回纥等部乘机独立。

阙特勤碑 ▶

744年，回纥首领骨力裴罗建立回纥汗国，称“骨咄禄毗伽阙可汗”，唐朝册封其为“奉义王”“怀仁可汗”。

回纥政权建立后，与唐朝一直保持友好的藩属关系。回纥历代可汗均受唐朝政府册封。唐朝先后把3个公主嫁给回纥可汗，以示友好。

840年，回鹘汗国（788年改回纥为回鹘）被居住在叶尼塞河上游的黠戛斯人所破。

回鹘汗国崩溃后，其部众分3支西迁，其中一支越过戈壁，从花门山堡，沿额济纳河进入河西地区，与原住河西的回鹘人汇合，统称“河西回鹘”。

872年，河西回鹘攻占甘州，遂移可汗牙帐于甘州，故又称甘州回鹘。此后，甘州回鹘日益强盛，同中原王朝保持密切联系。甘州回鹘政权“世以中国为舅”，而中原王朝“亦常以甥呼之”，并多次册封甘州回鹘可汗。自五代至北宋，甘州回鹘向中原王朝朝贡不绝，中原王朝对其贡品均估价赐银赠物以赏。

1028年，党项族首领李元昊率军攻占甘州。甘州回鹘政权崩溃，其部众再次离散。据史载，有数万人投奔青唐（今西宁）吐蕃首领唃厮啰；一部分人逃入北宋境内，安居秦陇之间；一些部落，包括甘州回鹘可汗“夜落隔”的后裔，则遁徙沙州以南，游牧于柴达木西北部一带。后来这部分回鹘人，有关史籍先后称其为“沙州回纥”“黄头回纥”，是后来繁衍形成裕固族的主体成分。

《元史》记载：元太祖二十一年（1226），蒙古大将速不台率军攻占撒里畏吾（黄头回纥）特勤赤闵等部。从此，不仅有蒙古军镇守撒里畏吾地，而且有不少蒙古部落进入撒里畏吾地区游牧。1331年，元朝政府曾“调甘州兵千人、撒里畏吾兵五百人守参卜郎，以防吐蕃”。1335年，“有司言甘肃撒里畏吾产金银，请遣官税之”。由此可见，有元一代，蒙古人与撒里畏吾人有着广泛接触，在长期相处中，不仅文化上相互影响（东部裕固族语保留有较多的古代蒙古语成分），同时不可避免地互有融合，而且这种融合一直延续至明代，以致蒙古人成为形成东部裕固族的重要成分。

明朝取代元朝后，在撒里畏兀儿地区先后置安定、阿端、曲先三卫，辖地包括今柴达木盆地以北，敦煌以南，西至罗布泊、若羌一带，加上敦煌东南的罕东卫，合称“远番四卫”。再加嘉峪关外的赤斤蒙古卫、沙州卫、哈密卫以及罕东左卫，即为通常所称的“关外八卫”。

15世纪，各卫统治者之间相互攻杀，加上吐鲁番的不断侵袭，关外诸卫相继崩溃，纷纷要求内徙。《明史》记载，沙州卫于1446年全部入塞。阿端卫则“迄正统中（1436—1449）数朝贡，不知所终”。曲先卫于“成化中（1465—1487）为吐鲁番所扰，率族内徙，遂失故地”。安定卫亦于“正德中（1506—

1521）伊伯勒阿拉图什等侵据其地，余众散徙”。1516年，罕东左卫“不克自立，相率徙肃州塞内”，后于1528年由总督王琼移其至甘州之南山。至此，关外诸卫大部已东迁入关。在此数十年间，撒里畏兀儿迁徙至肃州附近及甘州之南山一带。

康熙皇帝赐裕固族大头目龙袍

撒里畏兀儿东迁入关，是裕固族历史上的一件大事，至今尚在裕固族人民的传说和民歌中广泛地流传着。

撒里畏兀儿东迁河西后，住地趋于稳固，社会逐渐有了统一的组织，标志着一个稳定的民族共同体即自称“尧敖尔”的裕固族已经逐渐形成。

康熙年间，清朝政府将其划分为“七族”，并分封部落头目。大头目被封为“七族黄番总管”，赐以黄马褂和红顶蓝翎子帽。各族设正、副头目，授予守备、千总、把总等职衔。完整的社会组织，进一步维系了该民族的巩固和发展。

康熙年间朝廷赐裕固族大头目管辖草原令牌

综上所述，可以看出裕固族的族源和形成过程，概言之，即由“丁零”而“铁勒”，而“回纥”，以后回纥之一部经唐宋时期变迁而演进为“黄头回鹘”，再经元明之际的繁衍发展，并融合蒙古以及与之杂处的汉、藏等民族成分，逐渐形成了裕固族。源远悠久的历史，发展成今天的裕固族。

部落与户族

中华人民共和国成立前，裕固族保留着古老的部落组织，部落头目利用这一形式进行统治。国民党统治时期，实行保甲制度，委派乡长、保长，在裕固族人民身上又加了一道压迫、剥削的锁链。部落形式的封建统治是肃南裕固族社会制度的一个突出特点，到肃南地区解放时，裕固族共有10个部落（家），每个部落都有若干户族（相当于氏族）。不同部落之间都有一定的地域。

知识链接 **10个部落**

亚拉格家，分布在今大河区的韭菜沟乡和明花区的明海乡等地，操西部裕固语。亚拉格家共有8个户族，即安章（奄章）、巩鄂拉提、索嘎勒、杜曼、亚赫拉格、卡（哈）勒嘎尔、阿克达塔尔、斯娜。

贺郎格家，分布在今大河区的水关乡和明花区的莲花、前滩乡等地，操西部裕固语，共有7个户族，即安章、呼郎嘎特（霍尔勒）、扎鄂什、钟鄂勒、乌郎（阿尔郎）、鄂盖尔、克孜勒（浑）。

西八格家，主要分布在今大河区的雪泉乡和喇嘛湾乡一带，操西部裕固语，共有7个户族，即安章、帕勒坦、增思恩（增柯斯）、杜曼、苏勒都斯、卡勒嘎尔、索嘎勒。

五格家，分布在今大河区韭菜沟乡榆木山附近的景耀寺（经窑寺）、红湾墩、大滩等地，操东部裕固语，共有3个户族，即安章、顾令、巴依亚提。

东八格家，分布在今康乐区的寺大隆、大草滩、红石窝、东牛毛等地，操东部裕固语，共有5个户族，即安章、兰贾克（兰恰克）、常曼、巴依亚提、鄂盖尔。

四格马家，分布在今康乐区的红石窝乡赛鼎牛心墩一带，操东部裕固语，共有3个户族，即安章、各尔格兹、妥鄂什。

大头目家，分布在今康乐区红石窝乡的巴音、康丰、西牛毛等地，操东部裕固语，共有9个户族，即安章、苏勒都斯、蒙戈勒、鄂盖尔、巩鄂拉、亚赫拉格、巴依亚提、妥鄂什、呼郎嘎特。

杨哥家，分布在康乐区杨哥乡的大小长干和大小黑藏一带，操东部裕固语，共有4个户族，即安章、巴依亚提、巩鄂拉提、鄂盖尔。

罗儿格家，分布在康乐区青隆乡的大小孔刚木、海牙沟一带，操东部裕固语，共有13个户族，即安章、冲萨、兰恰克、西喇、浑、妥鄂什、呼郎嘎特、杜曼、贾鲁格、格勒克、乌郎、巩鄂拉提、鄂盖尔。

曼台部落，曼台部落原属大头目直接管理，几十年前始称部落，不称家。分布在友爱乡（1959年2月划入青海祁连县），操东部裕固语，共有8个户族，即安章、兰恰克、巩鄂拉提、绰罗斯、呼郎嘎特、齐鲁、杜曼、乌郎。

上述部落是1958年以前的分布情况，部落的称谓都尊重历史上形成的名称，户族称谓也保持其历史习惯。

裕固族10个部落统由大头目管辖，每个部落又各有正头目、副头目，总圈头（辅帮）和小圈头。此外，还有地方老者及户族老者。大头目是世袭制，有权召集和主持各部落会议，各部落的大事情一般要经大头目同意，才能处理。部落头目也是世袭制。

副头目的产生，有的世袭，有的选举。所谓选举，只不过是走个过场，往往是头目预先指定，交部落会议通过。总圈头帮助头目处理日常行政事务，他们是由部落头目指定的，几乎概由大户担任，一般任期1~3年，也可连任。正、副头目总揽部落大权，可审讯部落内发生的偷盗、打架、草原纠纷和家庭纠纷等案件，并有处罚和施刑的权力。部落每年都征收、上缴“茶马”等赋税，向牧民群众摊派“官马”“官羊”“官皮”、羊毛、鹿茸、麝香等，还摊派寺院、部落相关款项。小圈头，是为头目跑腿办事的差役，由部落头目指派，有些部落则由交不起“茶马”的贫苦牧民轮流充任，任期1~3年，也有长达六七年至十几年者。他们被迫为头目服役，根据头目的命令送信、跑腿、催收“茶马”，执行惩罚任务，同时供头目家使役。

肃南波罗台子出土的新石器时代马厂类型文化文物——彩陶罐

明花地区设有地方老者，在头目领导下，管理本地区的若干个户族，调解地方纠纷，催交本片户族的“茶马”等，任期一年。户族老者（户族长），每一户族一人，管理本户族的内部事务，调解纠纷，交纳本户族的“茶马”等。户族老者选举产生，多为德高望重、办事公道的老人担任，每年选举一次，也可连选连任。

裕固族人民在旧社会虽然遭受着统治阶级的压迫、剥削，生活穷困，但是在劳动人民之间仍体现着互相帮助的良好风尚。在每年四季的游牧生活中，互相帮助，互相照顾，把骑马、驮牛借给别人搬迁帐篷。本户族成员遇有天灾人祸，生活发生困难时，大家纷纷援助。若本户族的人受到外族人的欺辱，会帮助本户族说理，直到对方赔礼道歉为止。本户族内如有绝户，又没有本家近亲的，其财产和草场，既可由户族长经营，也

肃南明海出土的寿字青花瓷

可将其中的一部分给本户族成员或困难户。无儿无女的孤寡老人，户族长要负责赡养。小伙子结婚付不起彩礼时，本户族的人送牛、送羊等帮助解决。对孤儿要抚养成人，直到娶妻另立门户。户族成员家里有病人，或缺乏劳动力，本户族的人有义务予以帮助。

姓氏

裕固族每个户族的名称类似汉族的姓，但又与汉族的姓不完全相同。裕固族人的名是名，姓是姓，名字的前面不冠本民族的姓，即不实行姓名相连的人名结构方式。裕固族有10个部落，29个户族，就有29个本民族的姓（户族的名称），其中一些姓氏较为古老。

姓氏来源

来自祖先的姓和名　“亚赫拉格”，是裕固语，意为“勇敢、强盛”，来自唐代回鹘可汗的“药罗葛”，五代和北宋的文献记载为“夜落纥”或“夜落隔”。史学界有的人认为，今日裕固族中的亚拉格部落，即唐代回鹘可汗的“药罗葛”。“亚赫拉格”是贵族的姓，可汗一般都出自“夜落隔”姓，如甘州回鹘第八代可汗夜落隔归化，第九代可汗夜落隔通顺；再如安章是来自部落首领奄章之名，“安章”实为“奄章”之对音。裕固族大头目安贯布什嘉曾说，头目姓安，系因祖先名安章。由安章传至肃南地区，到新中国成立前已世袭21代，约有400多年的历史。

肃南祁连山出土的西夏黑釉剔花缸

来自居住地或迁徙途中经过的地名　“索嘎勒”，意为“水草茂盛的地方”。相传这一户族的祖先，曾选择在水草茂盛的地方定居放牧。

来自历史上其他部落或民族的名称　“各尔格兹”，来自柯尔克孜族名的对音。“阿克达塔尔”的“阿克”意为“白”，“达

知识链接 **裕固族安姓的由来** 在裕固族中广泛流传着一个有趣的传说：很久以前，清朝廷发令，要全国男子留长辫子，遭到裕固族人民的反对。朝廷立即派兵镇压，要把裕固族斩尽杀绝。当时甘州巡抚都御史孙思克、总兵窝合联名上疏，奏请皇帝以宽大仁慈为怀。皇帝见疏，立即下旨，要裕固族头目进京觐见。接到皇帝圣旨，不少人都觉得此次进京，凶多吉少，都不敢前往。若无人进京，又要问抗旨之罪，更是大难临头。正在进退为难之际，有个勇敢善骑、谋略过人的青年说："我愿前往。"并向裕固族汗王（部落首领）要求说："为了民族的安危，我去觐见皇帝。如果被杀了，也就罢了，如果能活着回来，事情办成，我就要当裕固族的掌柜（首领）。"汗王答应了他的要求。于是，这位青年和他六个兄弟选了七匹好马，挎弓带箭，翻山越岭，晓行夜宿，和官兵赶赴京城。见了皇帝，禀报了事情的来龙去脉。皇帝听从劝谏，立即罢兵。临走时，皇帝问他们姓什么，众兄弟没听懂，只顺手拍了一下马鞍，皇帝误以为姓"安"，遂赐为"安"头目。七兄弟回归部落，为民族免去一场灾难。汗王分七兄弟为头目，分领七个部落，称为"七族"，七族头目都姓安，故而有"天下头目都姓安"之说。这个传说一直流传至今，反映了裕固族人民同祖国大家庭的关系。裕固族的"安"姓，可能是皇帝赐的，但史书无此记载。安姓还可上溯至五代，北宋时的回鹘人，如安盐上、安铁山、安殿民等。这些回鹘人都是受五代、北宋王朝敕封的甘州回鹘官吏，说明裕固族的安姓有着悠久的历史。

▲
肃南马蹄二加皮出土的镶松石带盖金壶

塔尔"为"鞑靼"的对音，合起来是"白鞑靼"，即来自我国古代鞑靼部族名。

来自某人的绰号或生理特征 "帕勒坦"，又称"帕塘"，意为"大眼睛"。据传，帕勒坦原是从青海三川坝来到西八格家做生意的小商贩，到水关西岔河（裕固族地区）后，就在那里定居下来。因为他长有一双大眼睛，裕固族人称他为帕勒坦。后来和裕固人通婚，人口逐渐繁衍，形成帕勒坦户族。

汉姓

裕固族不但有本民族姓氏，有裕固族名字，而且有汉姓和汉名。早在五代和北宋时，史书上就记载着众多的裕固族先民的汉文名字，如杨福安、安千、李阿山等。这些回鹘人大多是甘州回鹘汗国向五代、北宋进贡的使臣，以及受五代、北宋王朝加封的官吏、功臣等。由此可见，他们的名字已发生了一定的变化。但范围较小，一般裕固人起汉族名字的尚不普遍。

到元明时期，藏传佛教（喇嘛教）逐渐传入撒里畏吾地区。特别是到了明中叶撒里畏兀儿人东迁入关以后，格鲁派（黄教）在河西走廊盛极一时，裕固人开始信仰喇嘛教。随后，裕固人的名字也起了变化，请喇嘛为其取名，故名字里带有浓厚的宗教色彩。

裕固族较为普遍地使用汉姓、汉名的历史较晚。根据史书记载和社会调查，在乾隆年间，裕固人一般还没有使用汉姓。据裕固族老人回忆，约从同治年间到民国初年，开始采用汉姓，但一般不把姓冠于本民族名字之前。1915年，甘肃提督换发给裕固族大头目的执照上，只写着大头目的裕固族名字“贯布什嘉”，既不连汉姓，也无汉名。直到肃南地区解放前，绝大多数老人还只有本民族的名字，而没取汉名，如高木乔赛什旦、才楞扎什、恩钦才愣、尕尔玛什旦、藏哥尔赛什旦、贡布什加等。有些外出经商、求学、做事的裕固人取用汉名，但在本民族内，仍使用裕固族本名。

民国时期甘肃提督给裕固族大头目换发管辖草原的执照

随着时代的进步，裕固族的政治、经济、文化有了发展。20世纪以来，根据部落或每个户族名称的首音或尾音取为汉姓，译为汉语时，又选用汉族姓氏中的常用字。譬如户族名称“安帐”，其成员的汉姓为“安”；户族名称“托鄂什”，其成员的汉姓为“妥”；呼郎嘎特部落（霍尔勒，后称贺郎格家），该部落多以“贺”为自姓；也有的取户族名称最末一个音为姓，乌郎（阿尔郎），其成员的汉姓为“郎”。有的户族名称有一定的含义，即按含义译为汉姓，如“阿克达塔尔”，“阿克”意为“白”，故成员汉姓为“白”；“齐鲁”意为“石头”，其成员汉姓为“石”。裕固族汉姓除音译外，还有意译。

除上述与部落、户族名称相对应的汉姓外，裕固族还有汉姓“张”“蔺”“屈”“凯”“李”“强”等，这不是裕固族的姓，而是裕固族妇女招汉婿后，子女随父之姓；也有移迁来此的汉族，为在此生存，依附本地部落，随了裕固族但仍保其汉姓。

第二章
宗教信仰

裕固族宗教文化随着时间的推移几经演变，萨满教、摩尼教、佛教及藏传佛教都曾以宗教信仰出现在裕固族的历史生活中。

裕固族先民曾信仰萨满教、摩尼教、佛教、藏传佛教等，也有过多种宗教同时并存的时期。明代至今，藏传佛教成为裕固族的主要信仰。

原始宗教——萨满教

裕固族远祖先民的最早信仰是萨满教。萨满教是在原始信仰基础上发展起来的一种民间信仰活动，对裕固族的生产、生活和社会习俗等各个领域产生过重大影响。“萨满”来自女真语和其他通古斯语族语言，在通古斯语中是“智者”“晓彻”的意思，故得此称谓。萨满曾被认为有控制天气、预言、解梦、占星以及旅行到天堂或者地狱的能力。裕固族的萨满法师“艾奇”被认为是天神的代言人，是专门的神职人员，是从事萨满活动的萨满师，萨满则由研究的学者所起，所谓萨满教并非指某种特定的宗教或信仰，而“艾奇”是具有萨满经验和萨满行为者的通称。

天池风光

裕固族萨满教的基本观念

灵魂观念　裕固人认为世界上各种物类都有灵魂，自然界的变化给人们带来的祸福，都是各种精灵、鬼魂和神灵意志的表现，并且相信人有三个灵魂：1. 生命之魂。裕固语称为“拐楞”，认为生命是“天”（点格尔汗）赋予，它同人的生命共始终，人死则永远离开躯体而消失。2. 思想之魂。裕固语称为“撒根”，为人在清醒时的思想和梦中见闻，它是暂时远离身体和其他灵魂交遇。人死后它不消失，需请萨满将它送入阴间，以免在世上作祟，伤害人畜。3. 转生之魂。裕固语称为“巫如”，系转生之神所赐，人死后按其生前品行，或转世为人，或投生动植物，妇女不育、流产，认为是她们没有转生之魂或该魂被摄所致。上述各魂只闻其声，不见其形。

裕固人认为所有有生命的东西都有灵魂，它一旦离开某个个体，就会死亡。而“撒根”（思想之魂）是为人特有，它使人类有思想、意志和感情，睡眠中它能离开身体四处游荡。无生命物体内均有灵魂，能给它们感情和意志，羊栏、马厩里有了灵魂，牧畜就兴旺，主人家会富有，它若附在牧人的鞭棍上，病魔和恶狼就不敢加害畜群。他们还认为人的灵魂特别是亡灵，能同自然界各种灵魂或精灵交往沟通，甚至相互转移。亡灵喜附在活人身上或附在其他物件上，使其发生变化。

丹霞映翠

神灵观念 萨满教常赋予火、山川、树木、日月星辰、雷电、云雾、冰雪、风雨、彩虹和某些动物以人格化的想象和神秘化的灵性，视为主宰自然和人间的神灵。特别是由祖先亡灵所形成的鬼神观念以及人间的各种疾病与死亡造成的恐惧，是萨满教神灵观念的核心。认为各种神灵同人类一样有意志、愿望和情欲，更有善恶之分，不能违拗、触犯。

三界观念 古代裕固族人认为宇宙分上、中、下三界，上层为天堂，众神所居，分七层，最权威的神灵居最上层；中界是人和动植物所在；下界是阴间，分若干层，分别为祖灵、一般亡灵和大小鬼魂所住。人类夹在中间，受着神灵福佑和鬼魂作祟的影

彩陵牧歌

响。只有巫师萨满能通达上下两界，疏通三界之事。在裕固族人看来，鬼魂和灵魂的各自内部也是有区别的。

裕固族萨满教的信仰崇拜

自然崇拜 天神（点格尔汗）崇拜，天神信仰及崇拜仪式是最主要的内容之一。裕固族称其为“点格尔汗”，他是裕固族传说的大神，也是掌管天界和人间命运的至高无上的权威神，其神性类似希腊的主宰神宙斯，故称为“天可汗”；“点格尔”又译

煨桑

“腾格里”等，意为“天”。祭“汗点格尔”的意思是“祭天可汗”。裕固族认为天神不仅创造了万物，同时天神掌管着天界和人间，即天神不仅是天界诸神的统治者，而且是人间命运的主宰。裕固族认为，“天有三十三层，地有十八层”“人是天和地中间夹的一层”。他们认为，天界、人间和地狱就像一个阶梯。“十八层地狱”是各类鬼魂依照罪孽轻重排列居住的地方；“三十三层天界”是诸神和升天的灵魂的住所。在这个阶梯的最高层是天神的存在，他是凌驾于一切之上的不可侵犯的神圣。至

祭俄博

于身处天地间的人，那是肉体与精神结合的一种形式，他生前的命运和死后的归宿全由天神来安排。

祭“点格尔汗”的活动一直保留到清末、民国时期。这本是萨满教遗迹，纯属原始宗教祭祀活动。

山神崇拜 裕固族传说：“我们是从天山来的。”由于没有文字记载的历史，因此很难推断真假。但从口头流传的史诗来看，可能在天山一带游牧过，此后才定居到祁连山一带。无论是天山还是祁连山，这都是我国有名的大山，山顶有终年不化的积雪，满山有古老的原始森林和各类野生动物。这两座大山的有些地段，峰势高峻，插入云端，高不可攀，使人望而生畏，容易产生凶神恶煞居于其上的幻想；有些地段，山清水秀，牧场丰腴，资源厚实，使人感到无比亲切，也容易产生居于山上的善神为他们赐福的想象。这些原始性的幻想在当代裕固族人的观念中还有较为浓厚的遗留，他们面对着时而云雾缭绕、时而阳光普照、时而雨雪霏霏的万千气象时，常常发出“云神走了，雨神来了；太阳神走了，风神来了”之类的呼喊。

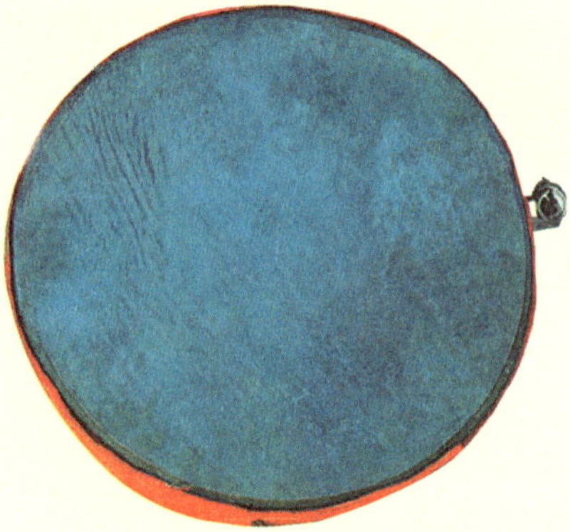

念经用法器——法鼓

古代裕固族人认为，有些高山峻岭中不仅栖息着各类品格不同的大神，而且一些大山本来就是神灵的化身。裕固族神话《莫拉》讲的“红石山”山神就是英雄莫拉变成的。

祭祀法号
——海螺号

在裕固族的观念中，大山和人一样具有品格，有善，有恶，有美，有丑，大山之所以具有品格，是因为凡大山上都有神灵居住，而神灵中也有善、恶之分，美、丑之分。他们说，巍峨险峻的山上居住着凶神，俊秀挺拔的山上居住着善神。又说，日、月、星、神是美神，飘逸在青山峻岭之中；风、雪、雷、电神是丑神，盘绕在秃峰石洞之间。

知识链接 古代裕固族的膜拜山神之礼大多与祭风、雨、雷、电诸神相结合。因为在他们看来，山神是兴风作雨之神，自然界的风、雨、云、虹、雪、雷电无不与山神密切相关，这一思想根源决定了山神祭礼的多样性。山神祭礼中包括祭风、祭雨、祭雪、祭雷等仪式。

1. 对风云的祭礼。在裕固族的观念中风神和云神是长着翅膀，能翻腾飞行，驰骋千里的大鸟。这两神不仅是天主的信使，而且是雨神和雪神的先行官。它们的到来使人们可以预测雨情和雪情，因而人们可以依情况采取大、小祭。凡遇狂风恶云，则大祭，而遇一般行云细风，则小祭。大祭需献牛羊数只，抛之荒野山林即可；小祭不需杀牲，祭者顺口祷告，期望带来好的运气。

供佛用品
——净水碗

2. 对雨雪的祭礼。雨和雪对裕固族的畜牧业至关重要。没有雨雪，牧场就要干涸，但暴雨和暴雪又会给牧场带来灾难。因此，裕固族对雨神和雪神的祭祀表现出来的心态常常是很复杂的。求雨、求雪、求晴等愿望往往交织在一起，造成了心理上的担忧、失落及迷惘等感情的复合。但是，实事上裕固族所游牧过的天山和现在的定居地祁连山，都由于有终年不会消失的积雪，雪水一直从冰雪消融期到结冻期不断浇灌着草原和牧场，所以对他们来说，终年不雨也不会造成威胁。因此，他们求晴的愿望远比求雨和求雪的愿望强烈得多。尽管如此，雨神和雪神仍然是他们精神中的一对崇拜偶像。

佛珠

知识链接 雨神是裕固族的美神，它是善的象征，在裕固族中至今有用歌舞以娱雨神的原始祭祀的痕迹。每年雨期，他们不能在外放牧，便在帐篷中围成一圈，边歌边舞，边吃边喝，祈求雨神的欢心。但现代裕固族的雨神崇拜更多的是与他们的佛事活动结合在一起的，其宗教仪式更为隆重。

雪神是裕固族的凶神，是恶的象征。他常常和风神一起吞没牧场，吞没牛羊。古代裕固族出于对他的畏惧，也会对他表现出虔敬。每当暴风雪给他们带来灾害时，他们就会通过祭雪神乞求宽恕。祭雪神的基本仪式是将牺牲敬献给雪神，个别地方还要请僧人念经，并以歌舞去讨好雪神。一些地方不直接去祭雪神，而是通过祭祀降雪妖英雄莫拉的化身——红石山神去控制雪神。

念经法器
——法铃

3. 对雷虹的祭礼。雷和虹被裕固族视为同一种东西，虹是雷神的躯体。裕固族所想象的雷神是一种身材很长的巨兽，其头像狮、像虎，其身若龙、若蛇，其像俊美如虹，其行明亮如光。他们认为，虹是雷神在大海中喝水，喝足后才吼叫着把海水又从口里吐出来而形成的，这就是雷雨。

在裕固族的传统观念中，天、地、山、川，日、月、星、辰是自然物，又是神。天有天神，地有地神，日有日神，月有月神，山有山神。在这里，物与神是有区别的，又是有联系的，是典型的自然崇拜。对天地山川、日月星辰的崇拜又同祖先崇拜结合在一起，认为日、月是一对情人，正是自己的父母，日、月交替运行是父母的灵魂轮牧；星、辰是牛羊，彩虹就是牧鞭。

崇敬天、地、山、川，日、月、星、辰的观念融入日常生活之中。如：人们不能对日、月、星、辰有不礼貌的语言和行动；一些很有讲究的裕固族人在接待尊贵客人时，要摆上黄、白两色酥油做成的日、月模型，以示客人像日、月一样光明，像父母一

▲ 转佛塔

样尊贵；一个很有礼节的裕固人讲话，第一句话常常以日、月开头，意即像日、月一样尊贵的客人；客人饮酒时，首先是用右手中指沾酒，向上弹三次，以示敬天、敬地、敬祖，这虽说是宗教礼仪，实际已演化为生活礼仪了。

火崇拜　在人类社会发展史中，火的发明和利用，带来飞跃性的突变。人类崇拜火，是古代朴素唯物思想的重要表现，是崇拜物质力量。各民族都有拜火遗迹，而裕固族的拜火更贴近现实。大部分裕固族人放牧于祁连山的冰天雪地之中，火在生活中的重要性更为突出。

祭俄博 ▶

裕固族认为火来源于天界，最神圣、洁净，也最亲切，能洗涤一切污秽、驱赶魔鬼、卜问吉凶等，任何宗教仪礼都离不了火，各种祭品都要先献一点给火神，禁止往火里吐痰、撒尿、泼水和倒污物；进餐或饮酒时，先往火里扔点酒肉敬奉火神。

飞禽崇拜　自然崇拜的表现形式之一，羡慕飞禽征服自然的能力。在裕固族的民间传说中，不少飞禽总是那样善解人意，扶正压邪，甚至为救苦救难献出生命。

知识链接　裕固族至今仍忌食大雁、天鹅、麻雀、喜鹊、鹰等飞禽。肃南地区解放前也忌食鸡、鸡蛋，如今大部分人已经开始食用鸡和鸡蛋。

坐骑崇拜　裕固族是一个以牧畜业为主要经济形态的民族，畜牧是赖以生存的主要条件，这就自然而然地构成了崇拜牧畜的思想基础。牛、羊、马、鹿不仅是裕固族人的畜牧对象，而且也是崇拜的主要对象。裕固族牧人经常在各类牧群中选定它们的杰出首领，名之曰：神马、神鹿、神牛、神羊。对选定的这些带有神性的牧畜，在它们的前肩胛处系一红布条作为标记，以示绝对不许杀食或作为自己的坐骑，直到它们老死后才另选择替代。

裕固人所禁止杀食的那些带有神性的牧畜中，鹿、牛、羊等只限于那些带有神性的个体。除此，其他的鹿、牛、羊是可以任意宰杀的。但是所崇拜的马却与牛、羊、鹿这些牧畜不同，神马不仅是马群中带有特殊神性的个体，而且它代表着该物类的全体。所以，裕固族人不仅不杀食那些被点名的神马，而且对所有的马都不能杀食。

留神马

选神羊

裕固族老人说，在早先裕固族有“神马节”，是专门祭祀马的节日。此俗自佛教传入该民族后逐渐消失，但在一些佛事活动中尚有残留。如在寺院的庆典中，僧人披戴牛头马面，载歌载舞，就含有求佛祖保佑牧畜兴旺的意思。

狗崇拜　裕固族人对狗的崇拜由来已久。在长期的游牧生产中，狗在助牧、助猎、保护牲畜与野兽的斗争中是牧人最好的帮手，因而狗是与裕固族关系最亲密的家畜，裕固族普遍认为狗有灵性。肃南裕固族自治县前滩乡的裕固族在过春节时，通过观察狗的吃食来预测来年收成的丰歉，并有这样的俗语：“好狗不咬上门亲”“好狗不嫌家贫”“狗打喷嚏天要下雨”等等。

知识链接 在牧区，狗主要用以看守门户。客人来了，主人要出门挡狗，否则表示客人的来访是不受欢迎的；客人不能打狗，打狗会犯禁忌，遭到主人冷眼相待。当狗年老时，裕固族会继续喂养它，直至老死，挖坑埋葬。裕固人至今还保留着不食狗肉和客人进帐篷时不得携带狗肉或狗皮，以及在“狗日”（以十二属相作忌日代号）不搬家、不举行婚礼的习俗。

金塔寺石窟高肉雕飞天

文殊寺窟顶绘伎乐飞天

狼崇拜 图腾崇拜是一种最原始的宗教形式。“图腾”一词来源于印第安语“totem”，意为“它的亲属”“它的标记”。在原始人信仰中，认为本氏族人都源于某种特定的物种，大多数情况下，被认为与某种动物具有亲缘关系。于是，图腾信仰便与祖先崇拜发生了关系，在许多图腾神话中，认为自己的祖先就来源于某种动物或植物，或是与某种动物或植物发生过亲缘关系。于是某种动、植物便成了这个民族最古老的祖先。

回鹘人和裕固族都曾信仰萨满教，而萨满教是持有万物有灵的信仰观念，所以狗崇拜和狼崇拜可能同时存在。在古代回鹘人中，狗可能是一种重要的信奉对象，狼则是图腾。不管是裕固族的狗崇拜，还是其先民的狼图腾崇拜，都是与人们的现实生活联系在一起的，其主要目的都是祈求崇拜物能保佑人畜平安、生活安定。

祖灵崇拜 萨满教的鬼魂和灵魂观念产生了裕固族人的祖先崇拜。裕固族人认为，鬼魂是跳崖、刀砍、入井、上吊等自杀的人死后变的；灵魂是老死、病死等正常死亡的人变的。鬼魂存在于阴间或地狱；灵魂居住于天堂。鬼魂和灵魂不同，鬼魂的形象凶狠可怕，灵魂却受人尊重。

知识链接 裕固族把本族中第一代宗亲的灵魂树视为家神，每逢过年过节都要向他们敬献祭礼并祈祷。凡是家族中有不祥之兆，就要捧上奶茶，请家神尽情吃喝，去祈求家神的护佑。然后，又将奶茶向东泼洒三次并喊“请您老宽恕”之类的话，表示送家神到天国。

关于祖先祭祀的时间和地点，据常生荣老人（裕固族最后一个大头目安·贯布什嘉的亲外甥）讲：过去每年春节时，一到腊月二十几日，就要备丰盛的年货。每天晚上都要给祖先烧炒面、糖（冰糖、水果糖，不能是软糖）、葡萄干、酥油、曲拉、酒、茶叶、奶、烟、油果子、水果等供品，但要忌荤腥。地点一般可以在家里（冬季牧场），或是房子后面非常干净的地方。

此外，一般有重大活动时，比如婚庆、正月初一、正月十五、农历四月十一、农历四月十五、农历六月十五等日子，必须要祭祀祖先。在祭祀过程中必须要说出祖先的名字，或者在心里想着祖先的名字，否则所烧的供品就会被非正常死亡的鬼拿走。

▲

曲拉

裕固族萨满教传统的隆重祭祖仪典，由全体氏族或部落成员参与祈祷人畜平安、农牧丰收，氏族新萨满领神仪式亦常同时举行。届时，众人携带牛羊、兽肉、粮食和酒前往参加连续数日的聚会。如今此集体仪式已经不再举行。

现在老一辈人仍然坚持在一些重大的日子里祭祀祖先。年长些的牧民也会在这些日子来祭祀祖先，但年轻的牧民对祖先崇拜的内容和祭祀仪式似乎已经不大了解。

生殖崇拜 生殖崇拜是远古时期初民社会中普遍存在的一种宗教信仰形式，在现今许多民族文化现象中，我们还可以发现它的古老痕迹。反映在裕固族日常生活中，最明显的莫过于在婚礼仪式过程中举行的赠送“沙特”，又称“乖能尧达”（绵羊后脚骨）给新郎的仪式。

在裕固族地区举行婚礼，有一个最重要的婚礼仪式，就是向新郎赠送“沙特”。所谓“沙特”，指的是绵羊后腿的第二节骨。在婚礼上，人们要将该部位的羊腿煮熟，缠以黑白两色羊毛，再涂上酥油。只有经过了专门加工、制作后的这一部位才能被称为“沙特”。“沙特”在裕固族的眼里，象征着男根，新娘吃了上面的肉以后就会怀孕。因此在婚礼仪式即将结束时，要将它赠给新郎。在新婚之夜，新郎、新娘要共同吃干净“沙特”肉，否则就会被视为不吉祥。而骨头则由新郎终身保存。仪式之后，新郎获得了“沙特”，这就意味着新婚夫妻生活的合法性得到了所有人的认可。在赠送“沙特”给新郎的过程中，主持人必须要高声朗读长达几百行的《沙特》，它讲述的主要是人类婚姻的起源以及各种习俗的来历，尤其是“沙特”的来历。

献羊背子

裕固族萨满教的祭祀活动

裕固族对天神和自然界的祭祀，集中反映的是“俄博祭”。

“俄博”，又译“鄂博”“敖包”。“俄博”在裕固族的观念中，既是山神，又是天神。在一开始，“俄博”指的只是山神，后来渐渐地也被认为既是山神，又是天神了。裕固族在信仰藏传佛教之前，不建任何寺院，只有高山大川间的“俄博”。因为腾格尔汗常以山岳为代表，高大峻峭，雄伟神秘，是通往上界的路，也是神灵居住的地方。所以经常祭祀俄博，就是向腾格尔汗、向居住在山上的诸神祈祷。

裕固族祭俄博仪式是裕固先民原始宗教信仰——萨满教的一个重要仪式，其历史悠久，是裕固族远祖时期产生的，是随裕固族发展变迁而不断丰富的。经演变后，裕固族先民由信仰萨满教到信仰佛教，两种信仰有机结合，是裕固族现实生活中呈现的多样宗教交错的最直接的反映，既反映了裕固先民对日、月、雷电和天的原始崇拜思想，也反映了由信仰萨满教向信仰藏传佛教的演变痕迹，对研究裕固族形成、发展的历史，研究西部民族文化交流，尤其是宗教文化的交流融合具有重要史学价值。

立俄博芯子

知识链接 **俄博祭祀形式可分为三种** 1. 个人祭祀。出门人路遇俄博时，捡路旁白石头垒于其上，然后膜拜祈祷，以求保佑出门平安大吉。2. 家庭祭祀。如家有不祥之兆，家长带全家人给俄博敬献羊只、哈达，烧柏香（煨桑）、插木桩，跪拜祈求俄博驱灾降福。3. 部落祭祀。一般是遇大旱、大雪灾、大瘟疫时，全部落人在部落长的率领下，抬上大批牛羊，手捧哈达和祭品向俄博叩拜祈祷。

俄博的象征物是以石块垒成或以柳条围筑、中填沙土的圆包状或圆顶方底墩坛，上插若干幡杆，悬挂各色羊毛绳、布条、哈达等，周围也拉上羊毛绳，把印有经文的哈达、布条拴在上面。有的俄博内埋有佛像或金属利箭。我国北方及西北的游牧民族，自古有祭俄博的习俗，裕固族也不例外。如今大型祭俄博活动每年进行一次，由喇嘛选定时间，大致在农历六月份举办。这本是自然崇拜的遗迹，是祭天、地、山、川，日、月、星、辰，是祈祷这些客观存在的自然物发挥神威力量，保佑人畜兴旺。

煨桑

裕固族萨满法师的咒术与法术

据传，“艾奇”（萨满法师）只需知道仇人或盗贼的姓名和年龄，用炒面做成对方的人形，如手掌大小，放在红木盘上，同时念咒（黑咒、黑经），在不被对方发觉时，向被诅咒者方向扔去，认为施以这样的巫术，便可使对方遭到不幸。如对方察觉，也可用同样方式报复。传说有些“艾奇”在跳神驱鬼时，还常演示其“法术”，如赤脚在炭火或钢刀上行走，舌舔烧红的烙铁、丢火喷焰，或割破自己唇舌，把鲜血喷到病人脸上等等。

跳神 据已故裕固族老人苏勒都什·赛勒藏（苏桂英）曾讲，“艾奇”为人治病的跳神仪式是这样的：

傍晚，在患者居住的帐篷中，人们围坐在一起，点燃柏树枝子，发出香气，净化污浊空气，以便神灵能够到来。届时，“艾奇”身穿神衣，头戴神帽，左手持鼓，右手拿槌，盘腿坐在西北角的专门位置上，病人坐在东南位置上。“艾奇”在请神前，双眼半睁半闭，打几个哈欠后，开始击鼓，然后起身，边击鼓，边跳跃，边吟唱，音调极其深沉。“艾奇”唱一句，二神和参加跳神仪式的人们伴随着合唱。鼓声渐紧，只见“艾奇”双目紧闭，周身摇晃，表现出神灵附体时的痛苦情状。这时有人拿出一团烧红的火炭，放在“艾奇”脚前，为神引路。“艾奇”鼓声突停，浑身大抖，这是神已附体的表现。这时附体的是祖先神，借“艾奇”之口询问：“你们请我来有什么事？”“艾奇”及病人亲属代答：“因某人患病，惊动祖先来给看病。”这时“艾奇”再击鼓吟唱，通过逐

转俄博 ▶

一恭请诸神，探寻病人冲犯哪位神。当“艾奇”提到一位神的名字，病人不由得颤抖起来，则认为是此神在作祟病人；有时作祟之神借“艾奇”之口，自认是他所为，要求供祭某种牺牲，患者家属赶紧应允，答应病好后就还愿。有的“艾奇”看病人的病情严重，就让病人裸体躺在床上，向其身喷热水。如果认为危重病人的灵魂被恶神掠去，“艾奇”要借助祖先神的力量，于想象中远征沙场，与恶鬼搏斗，把患者的灵魂夺回来，病人方能得救。

“艾奇”跳神时间长短不一，视病人症状轻重，短则半小时，长则1~2个晚上。有的“艾奇”斗不过凶神恶煞，嘱咐另请其他“艾奇”来。

占卜

1. 结绳算卦：结绳用的绳子是用白羊毛制成的，只能用白羊毛，白色象征吉祥如意。此绳长26厘米左右。开始算时，摇绳，沿顺时针方向摇。心里想着为谁算、算什么？能不能算到？说完，才开始结绳。之后看绳子的结，如果结可以解开就是吉利的，如果是个死结，就不好等，其中预示只有会算的人才能解释清楚。

佛事活动

结绳算卦可以推测有没有意外、吉利不吉利以及推测天气晴还是阴，下不下雨。比如，过去牧民的牲畜丢失了，实在找不到了，就用其测牲畜的死活，是在本村地界还是在外村？是不是被偷？或者是家里有人出远门了，长期无音讯，也可以来算一算，看看是不是平安，有没有意外，是在行走，还是已经住下来了等等。结绳算卦这一萨满占卜形式也正在逐渐消失，如今会的人很少，而且现在的年轻人几乎不大相信了。

2. 铜钱算卜：现在的裕固人已经没有人会用铜钱来占卜了。1958年“反封建，破四旧”运动后，裕固族人中唯一会用铜钱来算卜的只有裕固族最后一位大头目安·贯布什嘉的妻子格日昂了。据她的孙子安吉祥、孙女安梅英回忆：奶奶是这一带用铜钱算卜最准的。奶奶在世时，很多人遇到事时，都来请奶奶算。

3. 面老鼠算卜：据裕固族常立国回忆，所谓“面老鼠”是用白面捏成老鼠的模样，然后把它放在火上烧。过一段时间后取出来，根据烧的程度来进行推算，看看它的口、腿、耳朵、身体等部位裂开的情况来判断。但这一占卜形式已经消失了。

4. 骨卜：是用煮熟狍、鹿、羊等的肩胛骨占卜。卜者有专人，手握肩胛骨，阔面向下，把嘴贴近骨把上端，低声祷告，如：出猎去何方吉利？外出的人何时归来？失物去何方寻找？疾病何时治愈等。祷告完毕，把肩胛骨阔面的平面放在灼热的火炭上烧烤，取出吐上一口唾沫，使其裂开多道不同的细纹，然后观看肩胛骨裂纹辨认吉凶，一般骨纹没有横断纹为吉利，如出现大的漏洞则认为极不吉利。

另有箭卜、枪卜、碗卜、筷卜等，现已失传。

过去的“艾奇”还经常求雨和止雨、给人祈求猎物等。“艾奇”的服饰都是专用的，并且很复杂，诸如：神帽、神帽上的神带、神衣、神裙、腰带、神手套、神鞋等。“艾奇”的神器有：神鼓、鼓槌、腰铃、铜镜、神杖、神刀等，现均已失传。

摩尼教

摩尼教又称作明教、末尼教、牟尼教、明尊教，发源于古代波斯萨珊王朝，为3世纪中叶波斯人摩尼所创立，大约相当于中国的魏晋时期。摩尼教教义的核心将一切现象归纳为善与恶：善为光明，恶为黑暗，而光明必会战胜黑暗，故人当努力向善，以造成光明世界。因此，摩尼教从宋代又称“明教”。唐代摩尼教传入我国新疆地区，复由新疆传入漠北之回纥，而盛行于该地。

768年，应回纥之请，于江淮等地建立摩尼寺。840年，因天灾人祸，漠北回鹘汗国分崩离析。但无论是高昌回鹘，还是甘州回鹘，都没有放弃信奉摩尼教。845年灭佛时，摩尼教亦遭严重打击，转而成为秘密宗教，并吸收道教及民间信仰，从宋朝开始改称明教，以后逐渐发展起来。

摩尼教在裕固族的宗教文化中遗留得最少，这也许和民族大迁徙有关，也许是因为摩尼教是外来宗教，没有深刻的思想基础。但是无论怎样，不能因为现代民族生活中没有发现摩尼教的文化遗迹，就认为摩尼教在裕固族先民——回鹘人中只是昙花一现，无关紧要。在追溯裕固族宗教文化历史时，应该把摩尼教放在应有的地位，从某种角度可以这样说，信奉摩尼教使裕固族先民摆脱了原来那种“逐水草而居”的单一游牧经济生产，走上了畜牧、商业双向发展的繁荣道路，正因为这样，甘州回鹘才成为镶嵌在丝绸之路上的一颗明珠。

唐代，甘州回鹘汗国称雄河西时，也正是佛教的鼎盛时期，当时的沙州国（今敦煌一带）已成为佛教中心，佛教开始向回鹘渗透。这段时期，回鹘在很长一段时间内仍信奉摩尼教，或者说摩尼教和佛教及其他宗教并行了很长一段时间。

佛教及藏传佛教（喇嘛教）

自唐代以来，佛教与摩尼教相继传入裕固族先民之中，形成了佛教与摩尼教并行的时期。在五代及宋初的甘州回鹘汗国史料中，既有佛教史料，又有摩尼教史料。甘州回鹘汗国派往中原的使团中，既有佛僧，又有摩尼僧。甘州回鹘败于西夏，一部分迁出河西走廊，成为游牧于古沙州（今敦煌）西南的

红湾寺供奉

佛事活动

"黄头回纥"后，再未见到摩尼教史料。但是，摩尼教立即绝迹的可能性也不大。佛教的更广泛传播，并取代摩尼教，大约在13世纪初蒙古西征后的"撒里畏吾"时期。

蒙古统一中国，建立元朝中央政府后，萨迦派第五代祖师八思巴被元朝政府封为国师，掌管全国佛教和藏地事宜。撒里畏吾的统治阶层均系蒙古贵族，他们信仰佛教萨迦派是不可避免的。

明代以来，藏传佛教的另一支宁玛派传播到甘肃各地。宁玛派以分散活动为主，很适合在西北游牧民族中传播。直至新中国成立后，甘、青地区少数民族中仍有不少宁玛派信徒，今日仍有不少宁玛派寺院。宁玛派僧众戴红帽，因此又称"红教"。裕固族中关于"红帽子""红帽番"的大量传说，证明撒里畏兀儿中有一部分人信仰藏传佛教宁玛派。

明代中期以来，藏传佛教格鲁派逐步发展壮大，并向甘青牧区和蒙古高原传播。至明代中后期，有一部分撒里畏兀儿改信格

转经轮

鲁派。

明代后期的撒里畏兀儿，人口不多，宗教信仰却有萨迦派、宁玛派、格鲁派之别。一个人口不多的弱小民族，分属三种不同的教派，这对本民族的团结发展必然会产生消极影响，这正是明代中后期撒里畏兀儿衰落的表现。

清朝统一中国后，格鲁派的地位大大提高，“黄番”（清代对裕固族的称谓）各部统一于格鲁派的时机已经到来。至清朝前期，各部都改信格鲁派。裕固族民间流传的取来藏经和修建康隆寺的传说，便是有力的佐证。

裕固族宗教信仰统一于格鲁派，对裕固族在清代的发展产生了积极影响。

佛教寺院

肃南裕固族自治县是一个以裕固族为主体民族，汉、藏、蒙古、土、回、满、东乡、保安等16个民族聚居的多民族自治县，各类宗教寺院众多，现仅裕固族寺院做一介绍。

裕固族原有的佛教寺院多修建于清代。每个部落都有自己的寺院，故有“什么寺院属什么家”的说法。共有9个寺院：红湾寺、景耀寺、康隆寺、长沟寺、慈云寺、转轮寺、莲花寺、明海寺和夹道寺。

红湾寺

红湾寺位于肃南裕固族自治县红湾寺镇。裕固语称为“兰克义特”，藏语为“隆赛日朝”，意为“黄湾静修殿”，法名为“登增曲嘉郎”，意为“禅定法王寺”，又因寺院背靠一座红色大山，所以本地群众又称之为红湾寺。

红湾寺为藏传佛教格鲁派寺院，由裕固族原西八个家部落供施，历史上属水关寺管辖。红湾寺无转世活佛体系，常推举僧众中经学造诣高者为喇嘛，最后一任住持为白亚喇嘛。

该寺始建于乾隆年间（1736—1790），距今已有260多年的历史。由于历史原因，该寺曾经多次遭到毁坏，并数次移址重

▲

红湾寺

建。改革开放以来，随着党的民族宗教政策的逐步落实，红湾寺第四次重建的愿望在信教群众的强烈要求下得以实现。2009年5月，经塔尔寺密宗院高僧老藏丹巴选址，由长沟寺第六世活佛洛桑旦增尼玛主持重建，并于2011年8月15日（农历七月十五日）举行开光庆典。寺院建筑面积1.8万平方米，其中大经堂建筑面积2 133平方米，经堂高24.6米，为双重廊檐结构，分为两个部分，设计为两层，上层为纯木质双重檐结构，底层为砖木结构，为藏式建筑。大经堂雄伟恢宏，气势磅礴，金光闪闪，显示了宗教的尊贵和神秘。大殿内主色调以红黄色为主，大殿外部以金、绿、蓝为主，适当结合汉传佛教彩绘艺术形式，达到了彩绘与建筑协调一致的效果。

整个建筑突出了藏式风格，气势恢宏，雄伟壮观，室内外彩绘充分体现了藏传佛教密宗的特点，但又适当融入了汉传佛教艺术，使建筑、绘画和色调相互协调，融为一体。大经堂殿内正方供奉三世佛、宗喀巴大师和十一面观音自在菩萨。侧面两边为信教群众恭请的一千尊释迦牟尼佛像，另有文殊菩萨殿、护法殿和僧舍。2013年红湾寺弥勒佛殿建成开光，红湾寺已成为县城及周边乡镇的农牧民群众开展宗教活动的主要场所，并满足信教群众开展正常宗教活动的需求。

经窑寺

经窑寺旧貌

经窑寺位于肃南裕固族自治县大河乡光华村榆木山碴子河畔。别名金窑寺、景耀寺等，西部裕固族称为“苏马尔赤·苏买”。藏语称为“满曲贡巴”，意为“药泉寺”。该寺始建于顺治年间（1644—1661），因该寺最早为石窟建筑，内置镀金佛像和佛经，故又称经窑寺。石窟建于20米高的悬崖之上，长50米，分上下二层，今残存有壁画。1723年“罗卜藏丹津事件”中被毁，1741年重修，为裕固族藏传佛教早期寺院之一，寺院鼎盛时期共有僧人500人左右。该寺属青海广惠寺土观呼图克图所辖，由裕固族亚拉格家和五个家（部落）供施，1958年寺院被拆毁，现仅存石窟。

康隆寺

康隆寺，藏语称为“霍尔达果贡巴”，意为“马头寺”，位于康乐乡大草滩村。建于康熙年间（1662—1723），由大头目家、东八个家、四个家、杨哥家、罗儿家僧俗民众敬奉香火。僧众最多时达300多人，是当时裕固族地区最大的一座寺院，仅大经堂就可容纳500僧人同时诵经。

▲

康隆寺

寺院坐西向东，依山傍水，金碧辉煌，气势宏伟，由居巴扎仓和措钦扎仓两处建筑组成，共81间。大经堂为三层歇山式屋顶，兼有汉、藏特色的宫殿式建筑。1937年，大经堂被焚毁后，重修了两层重檐歇山式屋顶小经堂25间、“噢尔加喇嘛囊谦”（四合院）13间、大头目衙门18间、“夏尔娃喇嘛囊谦”14间、“康布喇嘛囊谦”12间及僧房共145间。中华人民共和国成立初期有僧人73人。1956年有喇嘛2人，僧人38人，班弟44人，但常驻寺院的僧侣只有十几人，其余除定期参加寺院佛事活动和应邀为牧民诵经外，大多数时间在家放牧。

康隆寺经堂中央有通天柱，布局十分严谨，经堂屋顶有鎏金法幢、金顶、宝瓶、祥麟法轮。各经堂内还雕塑了造型生动的释迦牟尼、莲花生、弥勒佛、宗喀巴坐佛等，全部为镀金半身坐像，形态昂然，十分庄重。唐卡中“吉祥天母”“更周拉毛”最为珍贵，据传是从西藏迎请来的，平时不准擅动，只有在农历正月初八、十五、二十五日和六月十五日才能献出，揭开佛帧上的“夏图”，只准许善男信女朝拜。吉祥天母是寺院中的本尊神（主神）。诸佛像前都陈设有各种铜灯、古瓶和其他法物圣器，琳琅满目，不胜枚举。经堂正门两壁回廊和里面的四壁上均绘有佛教题材的壁画，色彩绚丽，形象生动，引人注目。在寺院的经架上摆放着《甘珠尔》《丹珠尔》和宗喀巴师徒三人著作，内容涉及文学、哲学、历史、医学、历法等。每到寺院放会时，男女老幼头顶佛经转山，转嘛呢或转寺院，以示虔诚。新中国成立前共历任有七世活佛。1958年寺院被拆毁，1982年重建。

长沟寺

长沟寺，西部裕固语称为“巴郎苏买”，藏语称为“巴郎日朝”，意为“静修殿”，位于肃南裕固族自治县大河乡西岭村，属亚拉格家僧俗民众敬奉香火。1733年堪址兴建，历经53年始告完工。共建经堂房舍94间，大经堂富丽堂皇，豪华气派，为重檐歇山顶式，双面14间，屋顶以鎏金瓦铺成，所供奉的两尊镀金佛为前世达赖所赠，主持为寺喇嘛（四喇嘛）。中华人民共和国成立初期有僧侣30多名，1958年寺院被拆毁。

2003年在原址新建宗教活动点，该寺在原长沟寺老僧熬再（杨茂林）的主持下，寺院又进行了重修。除每月农历初一、十五日诵经外，还根据信教群众要求开展小型佛事活动。

长沟寺旧貌

水关寺

水关寺，裕固语称为“凯麦尔”，别名慈云寺，以其地处水关河而得名。水关寺有新旧两处遗址，原址在水关河（大牛沟口南20米处），新址在今大河乡西岔河村小学附近。由贺郎格家（部落）僧俗民众敬奉香火。寺院始建于光绪年间，1955年该寺有僧侣12名，最后一任住持顾嘉堪布为肃南裕固族自治县初等教育首倡者。1938年秋，顾嘉堪布在该寺抗战建国大会上用裕固、藏、汉语言宣传兴办教育、团结救国的道理，并同马老藏等民族宗教上层人士带头捐资和筹资，先后创办西沟寺、水关寺、红湾寺、马蹄寺、莲花寺、明海寺等汉语小学，并亲自担任校董。水关寺最后一位管家为贺遐志，还俗后任肃南裕固族自治县人民政府县长等职。1958年寺院被拆毁。

青龙（曲隆）寺

青龙寺，藏汉复合语，意为“水沟寺”，原汉文书写错译为“青龙”。裕固语称为“毫跃尔盖·凯都”，意为“两个母亲的寺”，又称“罗尔家寺”，位于康乐乡隆丰村。由杨哥家与四个马家（部落）僧俗民众敬奉香火。僧人最多时达400余人。1864—1937年间多次被毁，后部分修复。中华人民共和国成立初有经堂10间，厢房24间，其他房舍6间，僧侣11人，住持为郎卓尔济，1958年寺院被拆毁。现该地区幸存一棵一百多年的老杨树，在青龙寺东北裴家台子渠边曾建有一座嘛呢康，称为“转轮寺”，原由红湾寺兼管，后由青龙寺代管，早已被毁。

莲花寺

莲花寺，水关寺分寺，又称“海子日朝”，汉藏复合语，意为海子静修殿。该寺位于明花乡黄土坡村，始建于清末，由贺郎格家副头目所辖地区僧俗民众敬奉香火。寺内建有二层“正三破五”重檐歇山式屋顶大经堂，有僧舍、过道、大门、茶房等房屋26间，新中国成立前寺僧30多人。1866年肃州“回民事件”中被毁，1919年重建，1958年再次被毁。青海广惠寺（果芒寺）大活佛土观呼图克图曾在此主持过佛事活动。

明海寺

明海寺，又称冰草寺、滨沟寺，位于明海乡南沟村，由亚拉格家副头目所辖地域僧俗民众供奉香火。建于顺治年间，1865年，毁于战乱，1919年重建，属经窑寺分寺，由长毛喇嘛管辖，先后由五世活佛担任住持，最后一任住持为第五世郭堪布洛藏西

▲

明海寺

饶（俗名“郎进荣”），曾任全国政协委员、全国佛协理事、省佛协副会长、县政协副主席、县佛协会长等职，1998年圆寂。原寺殿舍85间，其中有三层重檐歇山式屋顶大经堂10间，过道60间，大门前廊3间。1956年有僧侣36人，1958年寺院被毁，1986年、1994年先后在僧人洛藏主持下修复，新塑三世佛像及第五世郭堪布舍利塔。2007年，在该寺僧人洛藏坚措主持下，新建大型菩提塔1座，今有殿舍10余间，宗教职业人员3人。每逢农历正月十五日、四月八日、九月二十二日举行宗教活动。

夹道寺

夹道寺，又称黄番寺、黄藏寺。其前身古佛寺，位于今青海省祁连县二寺滩，是裕固族东迁后建的第一个寺院。建于明代，曾多次重修。由青海果芒寺（广惠寺） 土观活佛管辖，是唯一不受康隆寺管辖的裕固族寺院。本属大头目家，大头目家迁徙后，由曼台部落僧俗民众敬奉香火，寺主是杜曼户族法台和兰恰克户族法台，后寺院被毁，遗迹尚存。

知识链接 **世界最大的转经轮“香巴拉却科”**

转经轮（香巴拉却科），又称玛尼经纶、转经筒、玛尼筒。坐落于肃南裕固族自治县红湾寺镇东南桦树林的香巴拉却科，始建于2009年9月，位于肃南县城东南的桦树林。大经轮底部直径9米，高24.62米，建筑占地面积676平方米。

转经轮

大经轮的主体是钢架结构，筒身有三层，第一层是厚度为15毫米的钢板，第二层是厚度为15毫米的黄铜板，第三层装饰部分，是用紫铜以浮雕形式铸造和锻造的宗教图案，自上而下的宗教图案有莲花瓣、金刚杵、兽头、梵文六字真言、藏传佛教站身八大菩萨、八瑞物、吉祥八宝、宝镜、藏文祈愿词、祁连山水风光等。筒壁外贴金箔，整个大经轮重约150吨。转经轮被一些小的转经轮包围，这些小转经轮被水渠的流水推动，被称为水景转经轮。藏传佛教认为，持诵六字真言越多，表示对佛菩萨越虔诚，由此可以脱离轮回之苦。把六字大明咒经卷等圣物装于经筒内，每转动一圈就等于念诵经文一遍，信众推动经筒旋转，称为转经。

经筒内供奉了泥塑和纸印各类佛像88万尊，泥塔及纸印佛塔20万个，玛尼经120.6亿条598卷，宗客巴大师著作43本，《甘珠尔》206本，《丹珠尔》426本，《三十五佛忏悔文》1本，《玛尼甘本》10本，各类唐卡50副。除此之外，还供奉了18类镀金铜佛计100多尊。

大经轮巍然矗立在风景优美的桦树林中，是一处集宗教膜拜、旅游景观于一体的新地标建筑。2010年，吉尼斯世界纪录组织高级认证官亲临现场，认证该转经轮为世界上最大的转经轮，并颁授吉尼斯世界纪录证书。

德聚寺

德聚寺

德聚寺，裕固语称为“贡克德聚贡巴”，意为“皇城十部寺”，十村信教群众筹资40多万元，建寺院1座，佛塔1座，嘛呢康1座。寺内供奉三世佛、长寿三佛、八大菩萨、十八罗汉、二十一尊绿度母菩萨像及尧乎尔纳琼护法神、四大天王等。该寺2008年竣工，于当年10月1日举行开光典礼。它承载着搬迁群众故乡夹道寺、经窑寺、康隆寺、红湾寺、长沟寺等寺院的历史，也承载着搬迁皇城十村的民族历史，有着深厚的文化内涵。

第三章
多彩风情

独特的地域特色造就了裕固族多彩的饮食、服饰及建筑艺术，散发着迷人的魅力。

裕固族传统饮食以奶制品、炒面茶、牛羊肉为主，一般一日数茶一饭。服饰以衣领高、帽有缨为特点。帐房是游牧生活的主要居住方式，现多以弃牧入城定居。

饮食

饮食结构

勤劳淳朴的裕固族是世居草原的游牧民族，牧养牛羊，独特的自然环境和特定的生产方式形成其独具魅力而富有浓郁草原气息的饮食习俗。历史上因长期从事畜牧业生产，生活所需的粮食和日用品都是用畜产品与农区农民或从商贩手中对换。主食以面粉为主，辅以大米、小米、青稞等，缺少蔬菜。副食以肉、奶为主。新中国成立后，逐渐实现了老人、孩子定居生活、上学，壮劳力随季节转场放牧，牧民的饮食结构也在不断地发生着变化，但仍保留了许多具有浓郁草原气息的独特风味。

碗套

主食　裕固族的传统主食为面食。面粉有白面、玉米面、青稞面等，可加工制作为面片、煎饼、烧壳子、烤饼、馍馍、烧巴股、炒面、糌粑等面食。

副食

1. 植物性副食。新中国成立后，蔬菜食品逐渐走上裕固人的餐桌，主要有白菜、茄子、辣椒、南瓜、黄瓜、金豆、萝卜、芹菜、西红柿、韭菜等。野菜有发菜、野葱（扁葱）、沙葱、野牛葱、野羊葱、荨麻、地卷皮（野木耳）、野韭菜等。野果子有婆盘（类似草莓）、野樱桃、野葡萄（俗称“酸酒瓶”）、醋栗等。菌类主要有鞭麻菇、丁子菇、草皮菇、树蘑菇，尤以鞭麻菇的味道最为鲜美。

火盆

2. 动物性副食。肉食以牦牛、绵羊肉为主。过去狩猎时，猎物较丰富，有獐子、鹿、黄羊、野兔、大头羊、野牛、青羊等。一般禁猎禁食鸟类。20世纪90年代后国家禁捕禁猎，此类“山珍”才渐渐远离裕固人的餐桌。以前裕固族禁食尖嘴圆蹄的动物，如鸡、鱼、雁、骡、马、驴、狗等，现也吃猪肉、鸡肉、鱼肉，部分虔诚的藏传佛教信徒忌食鱼类。

3. 奶制品。甜奶（鲜奶）、酸奶（稠奶子）、曲拉、奶皮子和酥油等。

饮食器具 现在的饮食器具和汉族基本相同。吃面片、喝茶主要用瓷碗、木筷；盛放食物（羊肉）主要用盆、盘子；喝酒主要用大小不一的龙碗（瓷质）、银碗、银杯、夜光杯、牛角杯、玻璃杯、白瓷杯等；炒菜、舀菜主要用勺。其中，喝酒用的龙碗上绘有八卦图、龙纹，象征吉祥、如意。以前的餐具中保留着大量木器，如木杯、木碗、木勺、木盆、木桶等，现逐渐少了，所需的饮食器具主要去集市上购买。过去还有特制的羊肚、牛肚盛放酥油、甜奶（鲜奶）、酸奶等液体饮食的器具，如今已不用。

铜制火盆

另外，主要炊具有铁锅、平底锅、桶、木甑子等。铁锅可用来煮奶茶、煮揪面片、煮牛羊肉；平底锅可用来煎饼；塑料桶可用来盛水挤奶，挤奶主要用木盆，便于奶水不变质。居民点还有电饭锅。主要燃料为木柴、块煤、干牛粪和干羊粪。

打酥油的木桶

烹饪方法和调料 烹饪方法主要有：煮、炒、炸、闷、煎、烘烤、凉拌等几种。主要调料有盐、味精、醋、辣椒、花椒、草果、葱、姜、蒜、韭菜、香茅草、酱油等。

烟、酒、茶 裕固族（特别是男人）有抽烟的习惯。据老人们说，明朝中叶裕固族东迁入关时就会抽烟，其时汉族人称之为“会吃火的人”。过去以抽水烟、旱烟，吸鼻烟为主，纸烟很少，现在主要抽纸烟，抽水烟、旱烟、鼻烟少了。有少数裕固族老年

铜制茶壶

妇女吸鼻烟或抽纸烟。烟荷包多是精工刺绣而成，图案多以花草、云纹为主，色彩艳丽，是一件精美的工艺品。

饮料主要是茶。茶在牧民的日常生活中占有重要地位，牧区老人说："一天不喝茶就没精神，三天不喝茶人就要生病。"裕固族喜喝茯茶（砖茶），为温性茶，适应当地的严寒气候，一般不喝绿茶（凉性的）。茶又分酥油炒面茶（奶茶）、清茶（黑茶）、油茶等。喝茶时，有的吃油果子、烧壳子、烧饼或煎饼；有的吃肉。裕固族喝茶成瘾，一旦断了茶，则萎靡不振。

鼻烟壶

知识链接 喝茶讲求喝足，民间还戏称喝茶有三层境界，即喝透、喝漏、喝重。喝透就是喝得浑身冒汗，喝漏就是喝得频频如厕，喝重就是喝得双腿发麻。

砖茶

酒文化是北方游牧民族文化中不可分割的一部分，北方游牧民族的粗犷豪放与酒仿佛有着某种天然的内在联系。裕固族作为北方游牧民族的一分子，自然也不例外，不论男女，都善饮酒，正如歌中所唱："一辈子放牧，摸黑又起早，最爱喝的是烈性的酒，最爱唱的是裕固山歌。"酒已经成了熔铸裕固人豪放直率、豁达乐观个性不可缺少的饮料。

风味美食

酥油

裕固族独具特色的饮食文化产生了不少的民族风味食品，现摘要介绍如下：

酥油炒面奶茶 裕固语称"塔勒干""头森恰"或"恰安恰"。酥油炒面茶，顾名思义就是加入酥油炒面的茶点。裕固人的饮茶习惯由来已久，从其祖先回纥自唐代以来就有嗜茶习俗。况且饮茶有利于高寒地带居民肉食奶食之消化，还能兴奋大脑和心脏，由此形成了一日喝三次茶，吃一顿饭的习惯。

炒面

木制炒面匣子

知识链接 裕固族一直喝茯茶，茯茶又称“边销茶”，属六大茶类中的黑茶类紧压茶的一种，是后发酵茶，也是全发酵茶，是民族地区特需商品，肃南地区解放后由国家边销茶定点生产企业专门生产供应。此茶因在伏天加工，故也称伏茶。在古时因属于官营产品，又叫官茶。茯茶在古代曾经具有很重要的经济意义，甚至在一定程度上充当了“等价物”的角色，也就是起到了货币的作用，封建朝廷同少数民族之间交换马匹及其他畜产品的主要物资。因以其解腻、降脂、助消化的突出功效，千百年来与奶、肉一起成为裕固人的生活必需品。

酥油茶

酥油茶解渴、解腻，驱寒、暖胃，提神、醒脑，是可茶、可饭，可喝、可吃，茶饭一体。说茶就是茶、说饭就是饭。既解决渴的问题、也解决饿的问题。所以说酥油茶不仅仅是“茶”，也是裕固族的传统食品，深得裕固人的喜爱。

手抓羊肉 现宰、现煮的羊肉是上等的手抓肉，鲜嫩味美，是款待亲朋宾客和喜庆家宴上的上好食品。

煮手抓羊肉

知识链接 **手抓羊肉做法** 将羊宰杀后，剥皮、扒去内脏。肉按骨节卸成小块，忌用斧砍刀剁，剁肉容易将羊骨剁碎，混入肉内或肉汤中，食用不便，也会引来别人笑话，认为宰羊者不是好牧人。煮肉讲究冷水下锅，热水煮肉会使肉的颜色变红，不美观。旺火烧开，将浮起的血沫撇去后，放入食盐、花椒、姜片、葱、蒜、红辣皮等调料，用文火煮约两小时，捞出盛盘，用手抓食。裕固人还讲究吃开锅肉，即肉刚熟便出锅食用，肉脆嫩，味道鲜美。因肉是按骨节分割的，肉块较大，用手抓食最为方便，故名“手抓肉”。吃手抓羊肉时，尤其讲究“杀生害命，骨头啃尽”，以免浪费。大块吃肉，大碗喝酒，尽显裕固人的豪气。

手抓羊肉

脂裹干 宰羊时取一盆清水，放入食盐，接羊血。羊肝、心脏、护腹油（蒙肚油）扒出待用。将羊肝、心脏剁成末，加入炒面或面粉及姜粉、花椒粉、食盐、葱、蒜末，同羊血搅拌均匀，把羊蒙肚油整块取下放在案板上铺展开，将拌好的肉血浆在护腹油上摆放成宽约4厘米、长约20厘米的长条状，用护腹油卷住，切去多余的护腹油，用白棉线捆扎两头及全身，剩余护腹油如法制作。全部卷完捆扎好后，蒸或煮大约25分钟即可。熟后的脂裹干变硬不易撒开，可取下线绳，切成寸段，盛盘上桌食用。其味肥而不腻，冷热均可食之。食用时一般不蘸任何调料，取其原汁原味，也可将脂裹干冷却后切成薄片用油煎着吃，风味独特。

肉肠 活羊宰杀后，将里脊肉剁碎，拌上炒面和食盐、花椒粉、姜粉、葱、蒜等调味品，将羊肥肠冲洗干净，有脂肪的一面翻在外面，用手或筷子从肠衣小头往里填肉馅，有脂肪的一面也随肉馅翻到了里面。做得熟练的牧民用腰刀尖就可把肉馅装进肠衣里。装好后再用清水冲洗后下锅煮或蒸。熟后捞出，切成寸段，盛盘上桌。其形类似香肠，浇上蒜泥和食醋，味鲜肉美，肥而不腻，别具风味。

肉肠

血肠

血肠 血肠的做法和肉肠差不多。同样宰羊剖腹后将羊肠取出冲洗干净，然后将羊肉汤舀进盆里，掺入小米炒面或者掺入面粉、炒面，加适量的羊血块、羊血水，佐以葱花、食盐、花椒、姜粉，也可加羊油渣拌匀，从羊肠粗端开始填装，可用勺舀进去，分段打结。煮熟时切分成小段即可食用，用油煎着吃，别有一番风味。

全羊　敬献全羊表达的是裕固族最深沉的敬意及最虔诚的祝福。

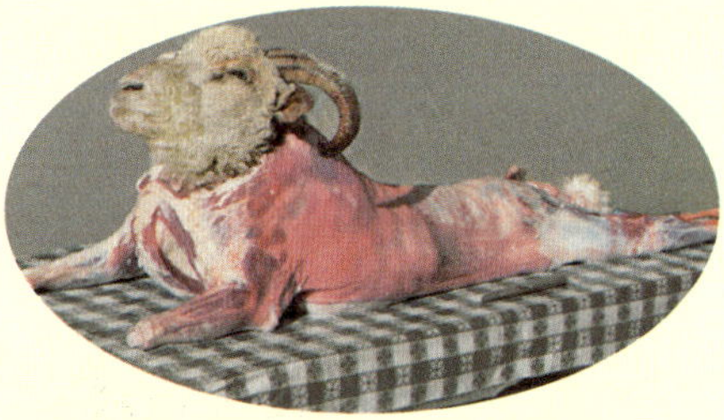

◀ 全羊

过去，每逢春节正月初一，各部落头人给大头目敬献由四人抬木盘盛的全羊，同时还要敬献哈达、茶、酒，作为本部落的拜年礼物。其次，如果大头目走访牧民或活佛光临某家时，被牧民视为最高的荣耀，也要敬献全羊。另外，裕固族的婚俗中也有“献全羊”的礼仪。定亲时由男方向女方献全羊，结婚时由女方向男方献全羊，既是父母给女儿的结婚礼物，也是对新婚夫妇最美好的祝福。

知识链接　**制作全羊**　先在羊群中挑选一只肥壮的羯羊，一定要宰杀得清爽利落。剥去羊皮，扒掉内脏，取下羊头。在羊肉未僵硬之前，将四只羊腿收拢呈跪卧势，置于一长方形的红漆木盘中，再把剥干净的羊头放在整羊上，这就是全羊。

羊肉面片　面片是裕固族牧民的家常饭。现在，裕固人在做羊肉面片时有了一些变化。可把羊肉切成片状或丁状下锅先炒，然后加入茄子、西红柿、洋芋、青椒、南瓜、芹菜、葫芦或蘑菇一块儿炒熟。再往锅里添上足够的水，待水开后揪片子下锅，煮熟后盛碗上桌。在传统的羊肉面片里加入蔬菜，先炒后煮，可称之为“羊肉蔬菜面片”。吃时可调入食醋、红油辣椒等佐料，味道更佳。

◀ 揪面片

▲

羊肉面片

知识链接　**面片做法**　和一团软面，锅内下入羊肉丁，待肉煮熟，用擀面杖将面擀薄，切成约6厘米宽的长条，拉匀扯薄，揪成约3厘米长的面片下入锅内。面熟后加食盐、葱花。吃时在碗里加一点油泼辣椒、蒜泥和食醋。若想做得精细些，可将肉丁和蘑菇丁（一定要用本地野生蘑菇）放入油锅内翻炒，同时加入适量调料。面汤内放入土豆，面好出锅时倒入炒好的肉丁，放些西红柿、绿菜，色、香、味俱全。照此法还可做擀面条，味道纯正可口。

酸奶

酸奶（稠奶） 将煮沸的甜奶（鲜奶）冷却至30℃左右时，加入奶角子（酸奶，起酵母作用）发酵，约两三个小时即成粥糊状，酸奶即成。因其像豆腐脑一样稠，故裕固族人又称之为“稠奶子”，食用时也可加入白糖，既解渴又充饥，其味酸甜醇香，是老少皆宜的清凉饮品。

酥油米饭

酥油米饭 过去，牧区蔬菜少，只能以肉和奶制品调剂饭食。酥油米饭虽没有炒菜米饭丰盛，但也独具特色，香甜可口。具体做法是将蒸好的大米饭盛到碗里，浇上炼化的酥油，加入白糖，搅拌均匀即可食用。也可在米饭中调入蕨麻、葡萄干、红枣等，香甜可口、营养丰富。

酥油煎饼 其制作方法是先将面调和成稀糊状，然后生火架一口锅，以平底锅为宜。待火旺锅烫，用羊油擦拭锅底，锅内倒入适量清油，舀一勺面浆入锅，用文火精心煎制成薄而均匀的圆饼。煎薄饼靠的是技术和经验，稍不留神就容易煎焦或厚薄不均或有窟窿。煎好后一张张铺叠在盘中，将炼好的酥油、白糖均匀地涂抹在饼上卷起来，即可享用，这也是上好的馈赠礼品。

煎饼

糌粑 裕固族独特的风味食品。其做法是：先在碗里调上足够的酥油、炒面、曲拉、白糖，然后沏入奶茶，待酥油融化就用洗净的手慢慢搅拌，酥油和炒面拌匀时，用手捏成团，即可食用。吃后非常耐饿，碰到牧民要赶远路或干重活，一天不吃不喝，也不会饥渴，是一种适应游牧生活的传统饮食。

糌粑

烧壳子 烧壳子是裕固族的主食之一。其制作方法是先和面，加酸奶发酵，放上适量的碱。然后在帐篷前或门前把一堆干羊粪点燃，烧至不冒烟时，将面擀成和烧锅一般大小的圆饼状，放入锅内，盖紧盖子，把烧锅埋入羊粪火堆中。烧锅四面受热，炙烤均匀，烤得又黄又脆，这就是烧壳子。吃的时候，用刀切成小块，可单独吃，也可喝酥油炒面茶的时候蘸着奶茶吃，也可出远门时带上作为干粮，可留存3~5天。如果要招待客人或逢喜庆节日，主妇可以提前几天做好“烧壳子”，作为席间主食。可做成花卷、百叶、桃形、石榴等各类形状。

烧壳子

羊背子 西部裕固族称为十二羊背子，东部裕固族称十二羊份子。羊背子就是按羊的不同部位分成十二等份，分别敬献给不同身份、辈分的来宾和亲友。羊背子下锅煮到肉不流血时即捞出，按份

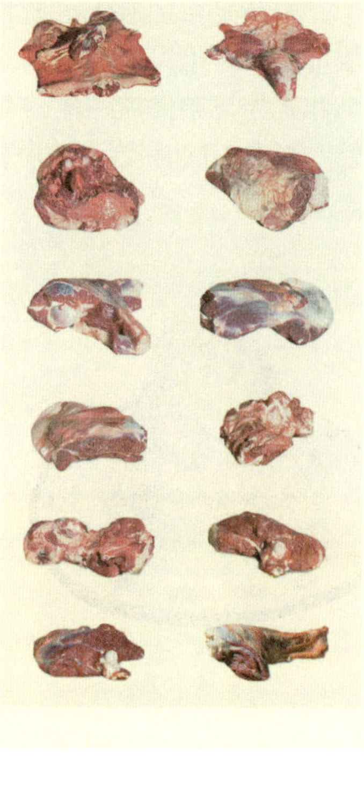

十二羊背子

装盘，把已经煮熟的肉肠和脂裹干切好，在每份羊背子上面放一些。羊背子献给客人后，客人只吃上面的肉肠和脂裹干，羊背子是送给客人带回家的礼品。

锁阳饼

锁阳饼　锁阳是一种沙生植物，属寄生草本，茎圆柱状，暗红色，肉质，内含丰富淀粉，可供食用，并有固精壮阳、补益之药用价值。在冬春季挖出锁阳（以“三九天”的锁阳最好），刮皮上笼蒸熟，用手捏碎，掺面粉揉搓均匀，可炸油饼、烙烧饼。锁阳饼绵软爽口、清香甘甜。锁阳除自家食用外，也可卖作药用。

服饰

裕固族的服饰习俗，是裕固族文化的一个重要组成部分。裕固族服饰纷繁复杂、多姿多彩，特别是女子的头饰、服装，凸显了裕固族服饰的民族特色。

服饰是裕固族人民的智慧创造，也是他们独有的特殊技巧。服饰具有两重民俗性格：一是保护身体；二是装饰。裕固族的服饰和其他兄弟民族一样，有其自身的古老传承，既有历史的继承性，又有不同时代的革新与创造。

东部裕固族红缨帽

西部裕固族红缨帽

女性服饰

由民族传统及民族差别形成装束上的特点，是裕固族最鲜明的标志。裕固族的生活和文化传统形成了在服饰上的审美标准。服饰的样式、花色、刺绣图案、花纹都按其民族惯例形成和传承。裕固族妇女的帽子，特点非常鲜明。西部是尖顶，帽檐后部卷起，系用白色绵羊羔毛擀制而成，宽沿镶有一道黑边，内镶狗牙花边和各色丝线绲边，帽顶腰部的前面，有一块刺绣精致的图案缝在上边。东部的大圆顶帽，形似礼帽，顶比礼帽细而高，是用芨芨草秆和羊毛线编织而成坯，用红布缝为帽里，用白布缝为帽面，帽檐也缝有黑边，镶有花边。裕固族女帽不论是西部还是东部，帽顶都用红色编线缝成帽缨。裕固族妇女的帽子是未婚姑娘和已婚妇女的区别标志，姑娘到了成婚年龄，举行出嫁戴头面仪式时，才戴上帽子，表示已结婚。

传统头面局部

裕固族妇女身穿高领偏襟长袍，按季节分为夹棉和皮衣，衣领高齐耳根，衣领外面边缘用各色丝线上劲合股，模仿天上的彩虹，用赤、橙、黄、绿、青、蓝、紫七色、九色或十三色，精心攀绣成波浪形、三角形、菱形、长方形等几何彩色图案，把自然界奇异美景绣入生活，美化生活。袍子一般以绿色、蓝色为主，下摆两边开衩，大襟上部、下摆、衣衩边缘都镶有云字花边。腰扎桃红色或绿色腰带，腰带右下方挂红、绿、天蓝色正方形绸帕，少则两块，多则四块，腰带上还挂有三寸小腰刀，腰刀上有刺绣精致的刀鞘套和红缨穗，大襟衣扣上挂有刺绣的荷包、针扎。妇女长袍上面罩一件高领偏襟坎肩，用料考究，做工精细，华丽大方，一般都是用绿色、紫色、蓝色缎子缝制，形式似偏襟背心（高顶和长袍同），下摆左右开衩

传统头面局部

裕固族女性服饰

（西部裕固族女装此处不开衩），镶有绸制彩色花边，背后从左肩至右肩镶一道半圆形花边，或如同衣顶用彩色丝线攀绣，偏襟边缘上至领口、下至腋下绣有各种动物花边。下身无论冬季还是夏季只穿一条单裤。裕固族妇女原来在日常很少穿鞋，在放牧、挤奶等劳动时夏季常打赤脚，冬季穿前面尖而翘的亢沉（皮靴）。过节和有重大喜庆活动时，穿尖鼻子软腰绣花鞋，一种布靴，鞋帮上绣花草或小鹿、小羊等动物。

男性服饰

裕固族男子服饰也有其独特之处：头戴金边白毡帽，帽檐后边卷起，后高前低，呈扇面形，帽檐镶黑边，帽顶有蓝缎、金线织成的圆形成圆八角形图案。身穿大领偏襟长袍，富裕人家多用

◀ 裕固族男性服饰

布、绸、缎等料缝制，一般人家多用白羊毛捻毛线织成的白褐子缝制。冬季，富裕人家多穿用绸、缎、布料做面的皮袍，一般人家则穿白板皮袄。男子一般都扎大红腰带，腰带上带腰刀、火镰、鼻烟壶。衣襟上无论单棉都用彩色布和织金缎镶边，富家还有用水獭皮镶外边，单、夹袍下摆左右开衩，在衣衩和下摆外镶边。上年纪的老人，腰间挂有牛皮烟荷包，荷包呈长脖大肚花瓶状，底部垂红缨穗，荷包上还带有弩烟针和铜火盅。

裕固族男子，逢年过节或重大活动，长袍上面要罩一件青色长袖短褂，左右开小衩。男子下身穿单裤，冬季足穿用牛皮制成的高勒尖鼻的皮靴，穿毛袜。在明花区，男子也穿手工制作的双鼻梁圆头高勒布靴，靴帮一般用青布，上纳白线转云字图案。

▲ 毡帽

▲

不同季节的裕固族服饰

服饰习俗

依据气候构成的服饰习俗 肃南裕固族自治县部分地区由于地势高，气候寒冷，服饰多以御寒类型为主。男女老幼都有抵御风寒的皮衣、皮帽、皮靴、毛袜、手套，还有内装羊毛、驼绒的棉衣、棉裤。

裕固族东部地区妇女服饰 ▶

依据年龄构成的服饰习俗 裕固族姑娘在三岁剃头时，把后脑勺的一片头发留蓄，长发和穿有珊瑚珠的丝线编成一条辫子，辫梢垂线穗被塞到背后的腰带里。两鬓的头发按年岁的增长，一岁编一个小辫，一直到出嫁。到了十三四岁时，前额带“沙日达升戈”，即是用一条红布，上缀各色珊瑚珠，缀成各色图案，做成一条三寸宽的长带，带的下边缘用红色或红、白色小珠相间穿成许多珠穗，把带子从前额缠过脑后，珠穗像珠帘一样齐眉垂在姑娘的前额。身穿类似大人的小袍褂，腰束腰带，胸前戴“舜尕尔”，背后带“曲外代尕”，系用红布做成的两块长方形硬布牌，上缀有鱼骨圆块、各色珊瑚珠组成的图案，下边缘都有各色线穗，并用各色珊瑚、玛瑙、玉石珠穿成的珠链把两块布牌连起，戴在脖子上，分挂在胸前和背后。姑娘在婚礼戴头仪式上，就此结束了姑娘的服饰装扮，穿上新婚礼服。

依据用途构成的服饰习俗 穿着打扮会经常受到社会生活的需要制约，从个人生活需要出发的有内衣、外衣之别；从个人活动需要出发的有便服、常服、劳作服和礼服之分；从社会礼仪的需要出发，又有冠、婚、寿及各种节日的专用礼服。裕固族妇女的头面是一件非常精制、价值昂贵的民间工艺品。

头面也就是头饰，裕固语称为“凯门拜什”。其用料非常考究，做工也相当精细，是用红色珊瑚珠、白色海贝块、玛瑙珠、珍珠、孔雀石、银牌、钢环穿缀，用红布、青布或红色香牛皮做底，用中黄、淡黄、中绿、翠绿、黑、赭、紫红、大红诸色丝线合股绲边，用各种珠子穿缀成各种图案精制而成，一般以红色珊瑚珠为底色，以白蓝色珠为图案，把特制的银牌、孔雀石、珍珠镶嵌图案之中。

裕固族女孩

头面共分三条，胸前分左右两条，上端在耳际以上编入发辫，下端至脚面，中间勒入腰带，前面两条的图案、色彩完全对称统一，每条又分为四节，每节都象征和包含着一定意思；还有一条在背后，裕固语称为“阿尔擦勒尔”，比前面的窄，同

戴头饰的裕固族女孩

前面一样戴在脑后帽盖的发辫上。一般用青布做底，各色丝线绲边，上缀23块大小不一、用白色海螺磨制的圆块，也有红色珊瑚珠做底色，称为"董"的白色海螺圆块镶在中间，从上到下一长溜，经济所限者，只缀23块"董"，不用珊瑚珠衬底。

头面系裕固族民间工艺品之精华，色彩强烈而鲜明，花纹图案排列整齐而对称，构思精巧，妇女佩戴之后显得端庄美丽又大方。裕固族妇女戴上头面的这天，同时戴起了尖顶的"扎拉帽"。

知识链接 **扎拉帽的传说** 智勇双全的裕固族公主萨尔阿玛珂，在民族危亡的关头，带领女兵夜间突袭打败敌军，人们称颂她为拯救民族的英雄。汗国一奸相想阴谋篡权，把公主萨尔阿玛珂视为障碍，设谋陷害，被烈马拖死，公主尸骨惨不忍睹。为纪念这位女英雄，女戴头面，前面两片表示遮住乳房，后面一片表示遮护脊骨，帽尖上红缨穗表示头顶上鲜血，腰里扎红腰带表示公主的满腔热血抛洒在故乡的土地上。由此形成了裕固族妇女在出嫁时戴头面、红缨穗帽的习俗，一直流传至今。

裕固族在丧葬仪式中，子女在孝期时，男子帽顶的图案要取掉或用一块白布遮住，以示哀悼；平时若没图案，是对别人不尊敬。家属儿孙在衣领、袖口、帽顶都缝上一块白布，八格家部落妇女，在辫梢上绾一撮白羊毛，意为戴孝，在死者七七四十九天时，要请和尚念经，要招待亲朋友邻，到死者坟上或在家门前烧一堆火，往火中投入食品、四寸宽五色布条，撕下孝布并全部烧掉，意为抹孝。

裕固族男式长靴

依据质料构成的服饰习俗 皮毛质料的服饰构成了其服饰特色。前面讲到的褐子，即是用绵羊毛捻成细毛线，自己织成的一种毛料，裕固族称为褐子。在棉布很少的年代里，裕固族夏秋两季都用褐子做衣料，做成的衣服不但结实耐穿，还可作为雨衣，毛线遇水变得紧而硬，所以雨水不易渗进。戴毡帽也具有防雨的功能，帽檐后边卷起，后高前低，雨水可从前面顺流而下，不会灌到衣领里。毛线织成的褐子，有的是白羊毛织的，有的是黑羊毛织的，有的用黑白两种天然色毛线织出人字形、波浪形图案，也有的用染成各色毛线，织成彩褐，给小孩做衣服；用彩色毛线做成线穗装饰衣物用具。紫红色的褐子又是成年男女的衣料。

裕固族传统狩猎服饰

用羊毛织成的氆氇更是较褐子高级的衣料和装饰品，用羊绒织成的各式礼帽，从古至今盛行不衰。过去的褐子，发展成氆氇、毛呢，时至今日的各种高级毛料，说明服饰已发生了质的变革。

裕固族手工刺绣女鞋

畜牧业生产的各种皮革，长期以来和裕固族结下了不解之缘的服饰习俗，其中老羊皮御寒能力很强；羊羔皮做皮衣皮具有美观轻巧之功能。用牛皮自制的“皮窝子”，是用两块熟制的牛皮，一块长圆形从中卷起，另一块半圆形作为鞋脸。缝到另一块上，缝住后跟即成了皮窝子，一种轻巧、耐磨、制作简单的鞋，

裕固族男子服饰

夏秋季节走长路、猎人打猎，里面垫一些软草即可穿着上路。从最早的皮毛缠足到皮窝子，发展到后来的亢沉、马靴和今日的各式皮鞋。裕固族男女除了毡帽之外，有时也戴礼帽，冬季戴羔皮帽，男女戴狐皮风帽。上述服饰习俗都与畜牧业生产紧密相关。

裕固族男子冬帽

依据色彩构成的服饰习俗 色彩的民俗有两种性质：一种是色彩所标志的装饰美的性质；另一种

是色彩所标志的信仰方面的性质。这两者在民俗发展中，往往是结合着的，阴色、阳色与吉服、丧服，都对色彩有崇拜、有信仰。裕固族非常忌讳俗人骑红马、穿红衣进入家门，新娘忌穿红色长袍。裕固族帐篷中过去都敬“点格尔汗”，传说“点格尔汗”穿红衣、骑红马。故俗人穿红衣、骑红马不准进帐房。

裕固族男子衣服以紫红、蓝、青色为主，扎红色腰带；女子衣服，以粉红、绿、紫、蓝、黑为主，束红、紫、绿色腰带；除和尚、喇嘛外，男女一般不穿米黄或橘黄色衣服，这与他们的宗教信仰有关。把白色的哈达视为圣洁、吉祥的象征，作为至高无上的礼节；在婚礼中新娘要骑白马，也是表示着纯洁的爱情和吉祥如意；在丧葬中死者亲属帽顶、领口、袖口缝上白布，意为戴孝，对死者表示哀悼。色彩所形成的民俗是多方面的、多元的，反映到各类服饰上也是多种多样的。

依据工艺构成的服饰习俗　由编织、刺绣、裁缝、擀制、穿缀等工艺技巧的承传所构成的服饰习俗。平纹、斜纹、三角纹、“人”字纹、波浪纹、条纹的织工；马缰绳、毛绳、东部女帽的编织；男女服饰各种动物、花草鱼鸟图案的刺绣、攀绣、贴绣，各

裕固族儿童服饰

种图案绦边和嵌镶；鼻烟壶、火镰、针扎、腰刀、子弹袋、各种荷包，上述随身携带的用具都用绣花袋（或荷包）装包、缀饰，裕固族不同部落都有习俗惯例。妇女们把非常活泼可爱的小羊羔、小马驹、小牛犊、小鹿羔、小白兔等动物形象刺绣到他们的服饰上，甚至连小老鼠的形象采用变形手法刺绣得活泼可爱。一般刺绣都用红色、黑色、黄色作为衬底色，色彩对比强烈，只有一种阳刚之美，造型活泼可爱，形象栩栩如生。

裕固族民间工艺给服饰创造了多彩多姿的特色，除衣服、头饰外，帽与鞋上的装饰工艺也独具匠心，特点浓郁。妇女的头面一般都有七八斤重，七八斤重的东西垂吊到头上，还要从事生产劳动、操持家务，确有诸多不便，所以就制作了便服、常服、礼服，随着社会的发展，新潮服装的流行，平时以中山服、西服和各式新潮服为主，民族服装只在逢年过节和重大喜庆活动中作为礼服穿戴。

居住

裕固族是一个古老的游牧民族，其居住形式受游牧生活方式的限制，常年居住在帐篷里，过着逐水草而居的生活。积淀着深厚的文化内涵。如今裕固族牧民除冬天居住在定居点外，仍随季节的变化，转移牲畜，多数仍住在帐篷里。随着社会的发展和生活条件的改变，现在已有三种居住方式，即帐篷、平房和楼房。

转场路上

帐篷

裕固族的居所以帐篷最具特色。明清以前，裕固族地区普遍使用裕固式帐篷，形状大而矮，有些地方人不能站立，行动不便。到20世纪40年代，这种帐篷逐渐被淘汰，而学习吸收藏式“一颗印帐篷”的制作工艺。

知识链接 **一颗印帐篷** 青海藏区的一种藏式帐篷，高大宽敞，形似一颗大印。

20世纪80年代牧民流动放牧时所用的帐篷

裕固族的帐篷是用牛毛或羊毛褐子缝制而成的，帐篷内有木架支撑，根据家庭条件分四根、六根、九根。富裕人家多用九根房杆的帐篷，宽敞大方，陈设讲究。一般家庭住四根、六根杆帐篷，较窄小。经济条件差的穷人家住简易窝棚（即用树干、树枝搭盖的三角形小屋），或依自然地形利用石洞稍作搭盖，裕固人称之为“拉牌”，其简易而阴暗潮湿，只能起到避风遮雨的作用，多为猎人用来在野外狩猎时的暂住地。

裕固族扎帐篷，修新房对方位坐向十分讲究。要选择避风向阳的地方，根据山形和水路确定坐向。多数坐北向南，坐东向西

知识链接 裕固族扎帐篷有着严格的程序和隆重的仪式。扎帐篷前，要到寺院请喇嘛选定黄道吉日和动工时辰。届时要邀请主要亲朋光临，按选定的时辰和方向，支起帐篷杆，盖上缝好的牛毛或羊毛褐子，拉起四周的扎绳，拉紧固定，帐篷就扎好了。牛毛和山羊毛织成的房毡，质地结实，遮风不漏雨。新房扎好，首先要在内部正上方设佛龛，点上酥油灯，燃上香。然后由主妇安置锅灶，燃起火种，炸油馃，烧奶茶，举行庆贺新房落成仪式。请德高望重的老人主持，端起鲜奶碗，将鲜奶、酥油抹在帐房杆、房顶、支锅石上，并讲一番祝词。主人宰羊备酒招待来客，客人们送精美的礼物给主人以示祝贺。

裕固族帐篷

或坐西向东。帐篷门一般向南或向东，门忌朝北开。裕固人认为门朝北开不吉利，有句俗话说："人只有倒霉时，门才朝北开。"

帐篷内部正上方是供佛敬神的地方，因此一般不许人走过或在其前面就座。左侧为铺。过去，牧民生活条件很差，为防潮在地上铺干羊粪、柏树皮、柏树技或鞭麻就可睡人。后为适应祁连山区的寒冷潮湿气候，改为石板火炕、木板炕。现在多用铁架支撑的木板床，既卫生又防潮。床上铺兽皮、毛毡、床单，被褥、毛毯等一应俱全。炕是全家和来客住宿的地方，也是待客的地方。

客分男左女右就座，待客或平时喝茶吃饭，都要按身份辈分就座。右侧为厨房，陈放奶桶、碗柜等灶具。房屋正中，过去是三块石头支顶一口锅，后来改为石块泥巴砌成的炉灶，可烧干牛粪、羊粪或木柴。20世纪60年代后逐渐改用有烟囱的铁皮炉，可烧粪烧煤，火旺，不冒烟，干净卫生。帐篷顶端为天窗，白天掀开，晚上或雨雪天可盖住。裕固帐篷看似简陋，却有独到之处，不论白天黑夜，帐篷内通风良好，空气新鲜，日出之后即可享受阳光沐浴，不阴不潮。

旧式帐篷内布局

肃南裕固族自治县康乐乡远眺

平房

平房有土房和砖瓦房两种。裕固族的平房是由四季游牧向定居、半定居转化的产物。明代中期，裕固族东迁入关，一部分被安置在酒泉以东接近农业区的闲暇空地，他们向附近的农民学习农业生产，同时，修筑土房居住。今明花区的裕固族，虽然是牧民，由于地理条件关系，他们在明代后期实行半定居。即在冬春季牧场修筑土房居住，寒冷的冬春季不再住帐篷，只有夏秋季远出游牧时，才住帐篷。肃南裕固族自治县建立以来，全县各牧区逐步向半定居转化。至1958年，全县牧区基本上实现半定居。在半农半牧地区的农业片和牧区的冬春季牧场修起土房屋居住，远出游牧时仍然携带帐篷居住。

裕固族老式平房

土房的形式和修建方法，基本上同河西农业区的土房相似，都是土木结构，即用土坯砌堵，把木质檩子放在山墙上，上面竖摆椽子，铺上芨芨草席和草泥。不起屋脊，房顶后高前低，以利出水。

房址多选在避风、干燥、向阳的地方，先用土墙围起一个四合院。院门一般向东、向南开，少数向西开，绝不向北开。在院内向阳的一面修土房居住。山区不用土围院墙，而用石块垒院墙。没有水渠的地方，特别是河西走廊中部的明花区，每户基本上有一口水井。住房内的陈设本来很简单，有土炕，下面可以煨火，冬季就是热炕，炕上有芨芨草席子、毛毡、被子等。现在的情况大不一样了，桌、凳、椅、沙发、箱、柜俱全，炕上铺毛毡、线毯和床单。有的家庭也不用热炕，而用木床、钢床、席梦思床。冬天架上铁皮炉子或烤箱，用煤取暖。缝纫机、自行车、收音机等几乎遍布各家，电视机、摩托车、汽车也已进入许多家庭。电灯已深入牧区，大大改善了照明条件。即便夏秋季远出游牧时，生活条件也大为改善，同时使用两顶、甚至三顶帐篷，并有专门用来贮藏物品的小帐篷。

砖瓦房的形式、结构，同一般城镇常见的砖瓦平房一样，是近年来才修建的。过去，只有城镇和区、乡机关才修砖瓦房，基层牧民很少修建砖瓦平房。随着生产的发展和牧民生活水平的日益提高，这种砖瓦平房在牧区已逐步取代土房。

楼房

近年来，绝大部分农牧民在城镇（乡）都有了宽敞明亮、干净卫生的楼房。随着定居和半定居的实现，裕固族既保留了传统的帐篷，又兴建了各种平房和楼房，彻底改变了过去那种“风扫地，月当灯，三石把锅顶，饮水靠雪水”的贫穷落后的生活面貌。截至目前，共建成游牧民定居住宅楼4 643套，全县农牧民集中定居率（以平房、楼房为主）达到70%以上。

节庆

裕固族的节日主要有春节、剪马鬃节、祭祀“点格尔汗”活动和宗教节日。

春节

裕固族称春节为“阿尔盖”。相传在古代，裕固人的节日阿尔盖一般是夏天过的。那时，母羊产羔，乳牛生犊，骒马产驹，牧草返青，杜鹃飞渡，香馨的奶酪、金黄的酥油到处飘香。尧熬尔人把奶食叫阿尔盖，即白食。夏天是生产白食的美好季节，也就是牧人们所谓的奶季，是希望和富裕的季节，是水草丰美，牛羊肥壮的季节，所以叫阿尔盖。如今的春节跟汉历是相同的。

春节是裕固族最主要的传统节日，节前有祭祖守岁活动。除夕之夜，家人团聚吃年夜饭，主要有手抓肉、炸油果、饺子、酥油奶茶等。年三十守岁，正月初一早早起床，意为人勤春来早。按习惯，年轻人和晚辈要手捧清水，洒向帐篷、棚圈，表示清洁吉祥。

裕固族人过春节一般节期也为5天，从正月初一到初五，有的地方要持续到正月十五。每当春节来临，家家户户拆洗衣被，打扫卫生，准备节日食品，还要准备鞭炮、酥油灯和蜡烛。腊月三十下午，人们还要选一块干净的空地点燃两堆火，然后放鞭炮，驱赶牲畜从火堆中间走过，以示在新年里人畜两旺。这天要将刀、剪、扫帚都收起来，不到初五不得动用。晚上全家人围坐在一起吃年夜饭，饭后相聚在一起，通宵达旦地欢乐唱歌。大年初一拂晓，进行敬天神活动。清晨吃过饺子，喝过奶茶，便穿上新衣，戴上新帽，走亲访友，相互拜年祝福。

剪马鬃

剪马鬃节

裕固族在马驹满周岁第一次剪鬃时要举行隆重的仪式，表示马驹已经长大。畜牧业在裕固族经济社会中占有非常重要的地位，故对牲畜爱护有加，尤其对马驹视为掌上明珠，马匹是其财富的象征。当马驹满周岁进行第一次剪鬃时，要举行隆重的剪鬃仪式。该仪式内容主要包括：选定剪鬃的日子，一般在农历四月十一，请来亲朋好友，将马驹牵来，请既会剪鬃又能歌唱的人手拿剪刀，一边说着《剪鬃》颂词，一边在马驹的鬃毛上抹酥油，只剪下一绺马鬃奉献给神。其他客人也要边说边剪鬃，主人将剪下的马鬃收藏起来作为纪念。

“剪马鬃节”在每年农历四月中旬择日举行，一般为期两天。届时，马的主人要准备酥油、奶茶、青稞酒、手抓肉等食品及剪马鬃用的盘子，盘子里放置一座用炒面疙瘩垒成的7~8层小塔，塔上浇有酥油，凝固的酥油可使塔固定在盘里，塔表示四面八方平安富足。剪马鬃的剪刀把上也系条吉祥的白色哈达。

祭祀“点格尔汗”

祭祀“点格尔汗”仪式很隆重，是由被称为“艾奇”（萨满法师）的神职人员担任主祭。据说每年分春秋两次大祭。一次在正月初开始，一直到二月初，一次在立秋开始之后。仪式上，在地上铺一毯子，上摆九堆粮食，每堆粮食上放一盏酥油灯，灯上缠绿、白、蓝三色布条，毯子上方摆一小方桌，上供芨芨草扎成草墩子。祭典时点燃酥油灯，牵过一只绵羊，有专请的人或“艾奇”一刀刺入羊腹，立即伸手掏出羊心，名为“攥羊心”，然后将羊头割下，连同跳动的羊心一起摆置盘中于九灯一墩之间，随后烫羊拔毛，祭祀活动开始，口中念念有词，绕着地毯、小方桌供品顺时针转圈，众人跟随仿做，保佑人畜平安。

宗教节日

九月大会，又称“十月大会”，是裕固族传统宗教节日，每年农历十月二十四至二十六举行。一般为期3天，主要是为了纪念藏传佛教格鲁派创始人宗喀巴逝世日而举行的传统宗教活动。每年的九月大会期间，各个寺院都要举行隆重的纪念庆典活动，寺院的墙壁及门窗都要刷成白灰色以示纪念。在节日期间寺院内正中挂宗喀巴像，人们从四面八方聚集在寺院，向宗喀巴像上香、叩头，喇嘛、僧人诵经。在这个时候，各个寺院也都要以手抓羊肉、油炸果子等食物招待参加者。近年来，随着市场经济的渗透，传统的九月大会已经从最初的宗教节会变成综合性的民俗盛会了，不同民族的人们着盛装相约聚会，经济文化交流活动已经成为一大亮点。

祭俄博 ▶

煨桑

六月大会、正月大会，又称“过会”，是裕固族传统宗教节日。“过会”各寺院会期时间不一，多在农历六月初一至十五举行。届时，山区牧民要请僧人念平安经，并上山祭俄博。去时人们手拿俄博杆和清茶，来到规定的祭神地点，边向山上洒清茶，边祈求山神保佑。

知识链接 **火驱凶神** 祭火活动是裕固族最隆重的习俗之一，而“火驱凶神”则是裕固族的古老宗教习俗，每年春节除夕前举行。旧时，人们认为每年阴历除夕至次年正月初五，是凶神恶鬼最猖狂的时候，只有火才能驱逐凶神恶鬼。因此，除夕来临，裕固族家家户户都要把帐篷（或房屋）内外打扫得干干净净，然后在门外的空旷地方点燃两堆火，边放鞭炮边驱赶牲畜从两堆火中间通过。从除夕到正月初五，帐篷及畜圈内外都要挂上酥油灯，彻夜通明。这样，凶神恶鬼就不敢接近人畜，以保平安。

正月大会是裕固族最隆重的宗教节日。该会的具体日期不完全一致，一般在农历正月初十至十五举行，为期六天。届时，男女老少身着节日盛装，来到寺院，老人们为祈平安烧香磕头，点灯祈祷。寺院僧众戴着面具，装扮成马、牛等形象，跳着古老的祭神舞，并向人群抛撒红枣，以示吉利。寺院用大米饭、油炸果子、奶茶等招待参加者。还举办酥油灯会，展出各色各样的酥油花（用酥油加各种天然色彩合面捏成），有花卉、人物、脸谱、鸟兽等，形象活泼，栩栩如生。

第四章
传统礼俗

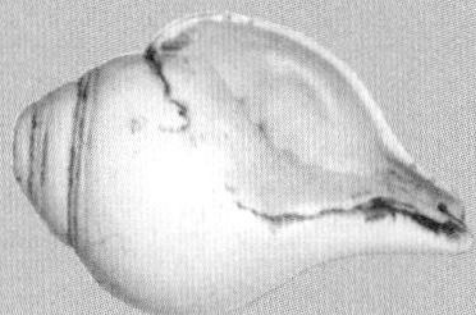

裕固族游牧生活，形成了独具特色的礼仪文化。结婚日、剃头、剪鬃等，都要举行庄重的礼仪，祝愿新人美满幸福，下一代健康成长，家庭富足。仪式的场面热闹而欢乐，精彩而风趣。

礼仪

裕固族人从诞生到死亡的主要人生礼仪有诞生礼、命名礼、剃头礼、成人礼、婚礼和葬礼等。

诞生礼

裕固族因为母权遗俗，没有“重男轻女”的观念，生男生女都是全家乃至全村值得高兴的大喜事。

孩子出生以前，孕妇除了劈柴、搬帐篷等一些重体力活外，依然要参加其他牧业劳动生产，如放牧、挤奶、捻线、洗衣、做饭等。

过去，一般生产都在帐篷里，许多妇女在草场上、森林里、雪山脚下生产是常见的。产妇跪下分娩，由其他女性相伴并帮助接生，不允许丈夫在场，脐带由祖母或其他老年妇女用剪刀剪断，用热水将孩子洗净后全身抹上酥油，并在肚脐眼上填上麝香。一般不忌门，有些地方也有忌门的习俗，陌生人不可进入有产妇的人家。现在，牧民大多到乡卫生院、县医院分娩，一般3~7天后出院回家中休养。

孩子一旦安全出生，全家上下喜气洋洋，并宰杀羯羊表示庆贺。羯羊的肉和脖子主要用来熬肉汤给产妇补身子。若遇难产，则要请喇嘛念经，祈求平安。周围的牧民、亲友闻讯也会前来贺喜。一般以哈达、布料、衣服、茶、酒、被褥为贺礼，也有直接送钱的，主人家则欣然接受并以酥油炒面茶待客，整个帐篷洋溢着一团喜气。

命名礼

裕固族人认为孩子的名字和他（她）一生的命运息息相关。一般在孩子出生十多天或满月时取乳名；满百天或周岁时取经名；上学或工作时取学名。

一般在婴儿出生十多天或30天时举行取名仪式，由孩子的祖父、舅舅或父亲给孩子取一个乳名。多取吉祥之意，如“巴特尔”，“英雄”“好汉”之意。有些地方也取“苏德克尔”“亚格克尔”等名字。

孩子出生后满百天，孩子的父亲就要请僧人前来念经取名。僧人依据孩子的生辰八字、长相、血缘由来、家庭经济状况等，查阅经典，念完福经后给孩子正式命名。民国时期，几乎每个裕固人都有经名，具有浓厚的宗教色彩。裕固族取汉名，是从1958年反封建运动后开始的。汉姓主要依据每个户族名称的首音或尾音，如“安帐”的汉姓为“安”，“杜曼”的汉姓为“杜”，“兰恰克”的汉姓为“兰”等等。在名字之前加上汉姓即学名。

祈福

剃头礼

剃头礼

裕固族的剃头礼是一种极具民族特色的传统仪式。相传天上有聚集在一起的六颗星星，裕固语称为“弥琪德”（东）、“阿勒塔吉恩”（西），它会给大地上的小孩和牲畜带来不祥的灾难，只有给三岁的孩子举行剃头礼仪式才能消灾避邪。因此，孩子长到三岁时，家里要为他举行隆重的剃头仪式。

唱剃头诵词

裕固族的小孩，无论男孩、女孩，自出生到满三岁时才第一次剃头。一般选在农历正月里给孩子举行剃头仪式。吉日择定后，要由孩子的父亲亲自把孩子的爷爷、奶奶、舅舅（仪式主持者）和亲戚朋友请到家中。前来的客人会带来不同的礼品，有哈达、酒、砖茶、布料、衣服、红枣、点心等。通常把贺礼先递给要剃头的孩子，再由孩子的父亲接过去敬献在佛龛前。

成人礼

裕固族的传统习俗中有成年礼仪式。男孩长到15岁后，父母就要择吉日给孩子举行成年礼，表明已经长大成人，可以参加一切劳动和社会活动并有了择偶的自由，不受社会的非议。但是，最具民族特色的还是姑娘的戴头面礼。

戴头面

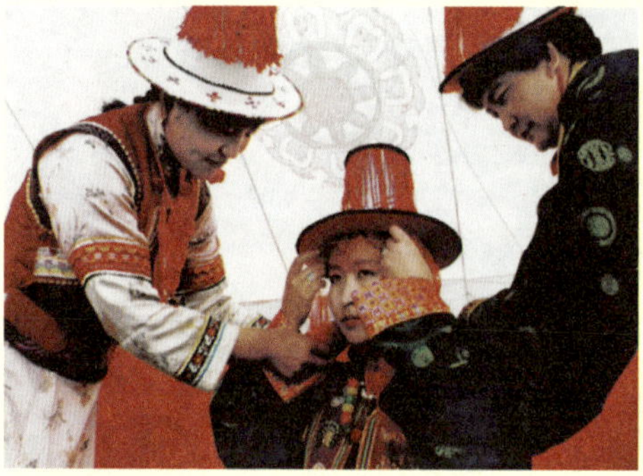

过去，裕固族姑娘长到15~17岁时，要选定吉日给姑娘举行戴头面仪式。父母事先为女儿准备好一副头面、衣服和小圆筒尖顶或平顶红缨帽。举行戴头面仪式时，在大帐篷旁边另外扎一顶白布小帐篷，姑娘家杀牛宰羊，邀请一些亲戚朋友，摆上酒席，招呼客人吃喝。由家庭成员给姑娘梳妆，共梳12根小辫汇成三条大辫子，左右各一条，背后一条。然后给姑娘穿上衣服，戴上红缨帽并头面。戴上头面的姑娘给每位来客倒一碗酥油奶茶后就被领进小帐篷，直到下午客人走后才回到大帐篷。仪式完毕后，姑娘可以住在小帐篷内，也可以回大帐篷和父母住在一起。

姑娘举行戴头面仪式后，就有了社交的自由和权利，实际上就是裕固族姑娘的"成年礼"。裕固族还有这样的说法，戴头面也意味着姑娘到了提亲的年龄，如果不给姑娘戴头面，不但无人过问求亲，而且还会被人笑话。

婚俗

裕固族婚姻习俗较为奇特，在中华人民共和国成立前，裕固族婚姻习俗是正式婚姻与非正式婚姻并存。1958年后，经过广泛宣传婚姻法，废除了非正式的婚姻制度，使婚姻具有法律保障。

过去，东、西裕固族的旧式婚姻形态有相似之处，但也有不同之处，但大致有正式婚姻、非正式婚姻。

正式婚姻

其婚姻仪式繁多而隆重，其仪式的每个环节都有相应的唱词，使婚礼别具特色。各地的唱词不完全相同，也可以有即兴发挥的唱词。正式婚姻仪式繁多而隆重，其仪式为：

提亲（求婚）与定亲仪式 提亲和定亲是婚礼仪式的最初阶段，也是必经阶段。当男女青年相识、恋爱之后，由男方家请合适的人做介绍人，选吉日，带着哈达等礼物到女方家提亲。

新娘离开娘家前要喝上一碗酒

男女青年和双方父母不能直接交涉婚事，所以必定有他们直属亲戚或介绍人（即媒人）来完成。介绍人往来于男女两家之间商定婚约，并参加成婚仪式。

彩礼 当男方提亲成功后，就要开始准备彩礼了。裕固人订婚仪式上的彩礼，由以下三个部分组成：1. 给新娘及新娘家的礼物；2. 专为新娘父母及其舅舅准备的礼物；3. 为新娘其他亲戚准备的礼物。

嫁妆 裕固族的嫁妆，以前主要是一套民族服装（包括头面）以及羊和牛、马等物。与彩礼不同的是，嫁妆不是女方给男方父母及亲属的，而是给新娘将要进入的新家的。当男女双方离异时，女方可将彩礼部分或全部退还给男方和他的亲属，但女子

新娘、新郎与伴娘

可以把嫁妆全部留给自己，任何人不能占有她的嫁妆。

婚礼仪式　到送亲的前一天下午，客人们纷纷来到新娘家门口，主人出门迎接，把客人让进大房，随后就端奶茶、油饼，为客人接风洗尘。亲友们带上哈达、酒等礼物到女方家祝贺。等客人到齐，按地位、年龄入席坐定之后，娘家主人给客人敬酒，婚礼即将开始。主人要用酥油奶茶、油馃子和牛羊背子等手抓肉招待来宾。同时，由专门聘请的歌手开始唱歌，向上座依次敬酒。代表女方唱的是劝慰新娘之歌，而男方歌手唱的是向客人敬酒、致谢的歌。

新娘戴头面仪式　戴头面是一个古老的传统仪式，也是妇女婚前必经的仪式。戴上头面后可以单独住在离家不远的小帐篷里。现在的婚礼仪式上，另立小帐篷的习俗已不见了。但是，新娘不能直接进入男方家，而是先进入厢房内稍休息后，才进入正式举行婚礼的帐篷或房屋内。自20世纪80年代后，传统婚俗才逐渐得到恢复和发展，而如今的临时戴头面仪式，比过去简单多了，只是一个象征性的程序而已。

送亲仪式　结婚日娶亲时都讲究娶迎亲人数是单数去，双数来。过去都是父亲去娶亲，原因是家里要新增人口，人家要给男方一个人，作为一家之主的父亲必须亲自迎亲。现在受周边汉族影响，多是新郎亲自去。

女方出嫁，必须在日出前出发，日落赶到婆家。其意为姑娘

送亲队伍

就像早晨的太阳，给新的家庭带来希望。

送亲时，娘家要有一个领队人，多为女方舅舅。男方在迎亲时，特带一些礼物送领路人，以免迎亲路上受到挑剔。

到婆家

送亲时，新娘披上盖头，由伴娘扶上马背。新娘骑白马，据说白马代表大象，象征吉祥。然后，新娘的亲兄弟或表兄弟同骑在马背上，扶助新娘，由伴娘拉马缰，在众人的陪同下离开娘家。临行时，要唱送别歌，表达依依惜别之情。

迎亲仪式 娘家送亲那一天，男方要在中途迎亲。新郎家要派几个机灵敏捷的人及善跑的马，在迎亲路上选择一块好地方，铺上地毯，摆上羊肉（也有一整只羊的各部位或一只羊的胸叉肉和背子）以及哈达和酒迎候，裕固语叫“古孜额”“得孜阿拉”，本地汉语也叫“打尖”。送亲队伍到来时，他们迎上去高声问候，并拉住领队人的马缰，请他们下马稍事休息。等他们下马坐下来之后，打开酒，先向天地鬼神及山神敬酒，而后为送亲队的领路人（一般为女方家舅舅和亲属）献哈达、敬酒敬食，表示男

方的一片诚心。然后，双方的人都要迅速上马驰骋，边歌边比试马的走手和骑手的敏捷，而且迎亲队伍要一定先于送亲队伍到达。

男方家族盛情欢迎女方的到来

踏帐习俗 新中国成立前，送亲队伍来到离新娘帐篷几百米的地方，由女方谙熟送亲事宜的领队人，指定善骑2~6人（必须为双数），纵马奔到男方为新娘专设的小帐篷外，顺时针绕帐篷转三圈，并尽力使马接近帐篷，设法使其倒塌，以此奚落新郎家。此时，男方早有准备，派几名妇女在帐篷内边敲盆盘等物边大声喊叫，让马受惊而不能靠近帐篷。现在已演变为娘家人骑马绕三圈时主人出来迎接的习俗。

让客仪式 娘家送亲队伍来到新郎家时，由男方家与新郎同辈的一个青年，跪在地上，双手捧盘向客人敬上迎亲酒。这时新郎家小伙子们奋力抓住娘家所有来客的马缰，不论年龄大小，都得一律下马，特别是对新娘的父母

感谢娘家客人

亲、舅舅十分客气，即使挨他们打也得忍受着将他们接入男方家客房。在迎接新娘家客人的时候，男方家所有的客人不分辈分高低，都要出门迎接。此时，新娘不入大帐篷，须在小帐篷内背朝门向里跪坐，“待格其”（伴娘）和新娘的姐妹等陪同她吃喝。送亲的人到男方家，男方的亲属边敬酒，边用酥油奶茶、手抓羊肉招待客人。而送亲领头人到男方的厨房去察看宴席的准备情况。然后，由歌手代表娘家诵说《阿斯嘎尔拉》，夸耀酒席的丰盛。

“交新娘”仪式 新郎用方盘端上为新娘准备的绿色绸袍、头面、耳环、手镯及彩巾等物，由“待格其”为新娘梳洗打扮，正式为新娘戴上头面。

这时，姑娘和在场的人都要哭嫁。与此同时，出门举行给婆家交新娘仪式。新娘站在娘家队里，新郎站在男方队中，双方父母及舅舅等亲属站在人群中央。由新娘的舅舅代表娘家人给婆家交新娘，并说一些客气话，说我们的姑娘这也不会，那也不会，请婆家多多指教。再把嫁妆摆放在人群中央的大桌上，然后娘家人将姑娘交到婆婆手中。

新娘进小帐篷

吃喜宴 仪式完备，众客人进入帐篷开始吃喜宴。首先让新郎新娘在宴席厅中站好，由男方家的歌手为宾客颂说最受人们尊崇的《沙特》（东部裕固族）、《尤达觉克》（西部裕固族），唱完以后，把干巴骨交给新郎，并祝愿他们生活美满幸福。新郎先将其挂到帐篷杆上，事后放到寺院或交给僧人。随后喜宴正式开始，席间家属和长辈为来宾敬酒；接着新郎新娘敬酒；期间穿插歌手们的欢唱，宾客们畅怀共饮，热情洋溢欢聚一堂。

非正式婚姻

裕固族的非正式婚姻主要有“勒系腰婚”和“帐房杆子戴头婚”两种。

勒系腰婚 主要流行于新中国成立前东部裕固族地区。即姑娘长到15或17岁（奇数）时，如果没有男子来提亲，在举行成人仪式的同时，举行“勒系腰”婚礼。择好吉日后，在自家帐篷旁边扎一顶小白布帐篷，请来亲朋、头人、喇嘛，由两个已婚妇女为姑娘梳头、戴“头面”，标志姑娘已长大成人，有了社交的权利。头面戴好后，开始勒系腰，即将姑娘的绸缎或纱质腰带系在姑姑或舅舅尚未婚娶的儿子腰上，同时将对方的腰带也系于姑娘腰上。勒系腰时，仪式主持人高喊：“×××家姑娘的系腰勒给×××家了！”以表示让人们知道。勒系腰婚不管其姑姑家或舅舅家的男孩子年龄大小，是僧是俗，有的甚至是两三岁的孩子。如果姑姑、舅舅家没有尚未婚配的男子，则将系腰勒在已婚的姑表兄弟或舅表兄弟腰上。如果姑姑、舅舅都没有儿子，才可将系腰勒于第三家。勒系腰仪式的第二天，姑娘从白帐篷内搬回与父母同住。从此，就可以与其他男子自由交往。生下孩子，必须姓被勒系腰家的姓。

帐房杆子戴头婚 新中国成立前流行于西部裕固族地区的一种婚姻形式，裕固族称“杨恩开楞”。类似于东部的“勒系腰婚”。其仪式也是在姑娘15或17岁时，举行成人礼。戴头面的前一天，将头面挂在帐篷（帐房）的佛龛前的房杆上，请一位或两位动作利落的已婚妇女，帮姑娘梳头，将12根小辫子梳编成三条大辫子，左右耳侧各一条，背后一条，将三条头面编入发辫戴好。在佛龛前辫头就算戴了头面。戴头面后，父母要给女儿在大帐篷旁立一顶小帐篷，并将姑娘的腰带也挂在帐房杆子上。这是一种“信号”，标志着姑娘有了与男子自由交往的权利，从此就可以与相好的男子同居，共同生活。生了孩子也是合法的，不受社会舆论的非议和指责。

丧葬

在历史上，裕固族的丧葬方式主要有火葬、天葬、土葬和水葬等几种。目前，裕固族丧葬习俗中火葬最为普遍。

裕固族的丧葬以火葬为主。一般人死后，用柏树叶浸泡的水清洗干净后再给死者换上干净的衣服，口里含银、玉首饰，用一块毯子或大白布或直接放入白布袋内，四角绑上蓝布或灰布，将死者置于其上，死者曲身，合掌（某些部落有习惯：死者不曲身合掌，平躺），面朝南或西南，一般停尸二三天，通知亲友吊唁。同时请僧人念经超度。出殡之日，在死者亲属和僧人护送下，将尸体抬到本家族的固定火葬地。火化时，先在平地上挖一“十”字坑或锅灶样坑，上面架置柏木或松木，或将柏木柴堆起（利通风助燃），放上尸体，随着僧人念经，点火焚烧。三日或七日后，亲属前往火化地捡拾骨灰，须将从脚到头的全部骨灰装入白布口袋里，再放进一点粮食，连同灰堆里捡出的银、玉首饰一起，就地挖坑埋葬，地上起一坟堆，放3颗或108颗色泽鲜明的纯白石头作标志，有玛尼经幡。对患传染病或产妇死者，不施火葬，只将尸体埋在三四尺深坑下的偏窑内，待三五年后再将骨头挖出，火化埋葬。12岁以下的少年则一次性埋于偏窑，不再二次火化。意外身故的不入祖坟。如今每年清明时节，都有上坟祭奠先人的习俗。

在康乐大头目家、东八个家、四个马家、罗儿家曼台等部落，以天葬为主，一般每个家族都有自己的天葬场地。对一般死者，置家中请喇嘛念经超度一天后，即送往天葬场地。将尸体脱去外衣放在一块大石头上，再请僧人念经随后离去。待三日之后，死者亲属再到葬场探视，若尸体已被鹰吃净，则认为死者已“升天”，乃就地垒一石堆象征坟墓，并按家族的辈分排列。若未被老鹰吃净，则认为不祥，需再次请僧人念经超度。新中国成立以前，裕固族地区天葬也比较普遍，1958年以后就不再进行天葬。康乐区的喇嘛和部落头人去世，也用火葬。

明花区前滩乡的裕固族，实行土葬，葬法与当地汉族相同。现在各地都以火葬为主。至今，红湾、青龙等地还保留着土葬的习俗。

在裕固族的丧葬习俗中，除停灵和出殡时请僧人念经外，每逢死者的“头七”到“七七”“百天”都要请僧人念经超度。父母去世四十九天内，孝子孝女不穿色彩艳丽的衣服，忌佩戴首饰。守孝期间，孝子孝女不喝酒，不猜拳行令，不唱歌、跳舞。孝女不梳头，孝男不剃头不刮须。孝期忌动土，忌杀生。

水葬在裕固族地区很少使用，只有喇嘛卜算后认为死者不宜天葬、火葬、土葬的，才要在部落专用的水葬地进行水葬，如曼台部落的水葬地就在黑河上游的戈毛义群地方。1958年以前有些部落还有水葬的习俗。

禁忌

裕固人禁食“尖嘴圆蹄”肉。“尖嘴”主要指飞禽（如鸡、大雁等各种鸟类、家禽），“圆蹄”则指驴、骡、马这三种动物。现代裕固人基本上不禁食鸡、鸡蛋类，但仍然忌食猛禽，如鹰、雕、隼等；而对于“圆蹄”类则仍禁食。另外，不在“尖嘴圆蹄”之内的狗肉、狼肉、旱獭肉也在严格禁食之列。过去禁食鱼类，如今部分裕固人食用。裕固族牧民养的牧狗，被视为家庭成员，一直把它养到老死，挖坑埋掉，不剥皮，不食肉。

餐桌上的礼仪

一般不食骆驼肉，认为骆驼身上有十二属相：耳似马耳、脖似龙脖、眼似蛇眼、嘴似兔嘴、尾似猪尾、牙似羊牙、蹄似牛蹄等等，食用不吉利。禁止伤害燕子、老鹰、白头鹰等，据说燕子是喜鸟，老鹰和白头鹰长寿，故不伤害。锅里、桶里有了油腻时可以用木棒或小石块擦，但不能用手指头或指甲抠。自己家用过的旧锅禁忌借出，别人家的旧锅也不能拿入自家帐篷，原因是锅底熏得很黑，裕固族以黑色为不吉利，故禁止借用。喝茶时一般用一根筷子，忌用两根。给客人递茶碗、敬酒时忌用单手，须为双手以表敬意。禁止站立或蹲着饮食（裕固人认为站立饮食的只有牲畜和其他动物，人与之不同，蹲着饮食对人极不礼貌，认为那是便溺时的动作），吃喝时要盘腿而坐，吃饭喝茶时由一人沏茶盛饭，不能乱盛。嘴里咀嚼食物时禁止唱歌、禁止发出声响、禁止敲打碗筷盆锅、禁止躺下吃东西（卧床的病人除外）、禁止从就座用餐的人前面走过，禁止给人递刀、剪时把刃尖朝向对方等。给客人斟茶、盛饭均由主人操作，客人不得自己动手，不得随意拿饭勺或茶壶，主人请客人用餐时，客人不得随意走动。如果非族人猎获了野鸡等鸟类，拿到裕固族家，一是不让拿进家，二是锅不让你用。

第五章
魅力文化

裕固族文字早已失传，现只留存有裕固语。裕固语又分为东、西两个部分，在日常交际中通用汉语。

能歌善舞的裕固族，传唱着悠久的历史和古老的文化，歌颂着新时代下的裕固族日新月异，生机勃勃。

语言文字

语言

一般来讲，一个民族只有一种属于本民族的语言，而裕固族却有着两种属于本民族的语言，即阿尔泰语系突厥语族的语言和阿尔泰语系蒙古语族的语言，这种情况在我国少数民族中是较少见的，这为民族学研究提供了内容丰富、价值较高的研究课题。

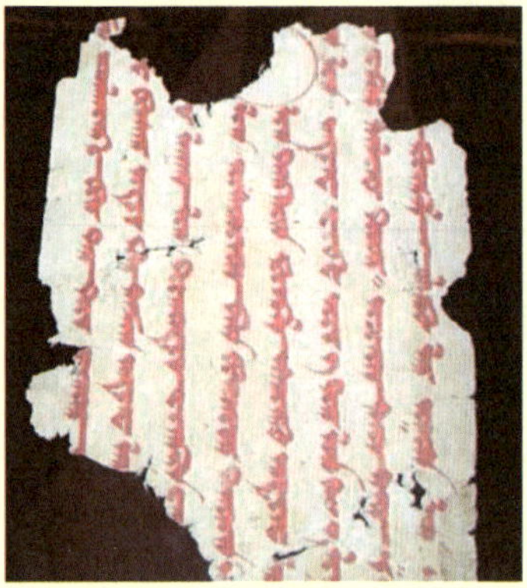

回鹘文

裕固族的语言情况比较复杂，在同系属的一些语言中占有比较特殊的地位，裕固语是和古代维吾尔语最接近的活的语言。所以，裕固语很早就引起了国内外学者的关注。

西部裕固语属阿尔泰语系突厥语族。操西部裕固语的部落主要有亚乐格、贺郎格、西八个家及前滩、黄泥堡等，可能东迁到祁连山之前系不同部落，因而这些部落至今仍保持着自身某些显著的特点，在讲话时有很大的不同，都保留有许多独特古老的词汇，应该说他们分属不同的方言或土语。主要分布于大河乡、明花乡、皇城镇西部。其中酒泉市境内的裕固族及原前滩、水关两乡原属西部裕固语区，后来因各种原因综合使然，现已全部使用汉语。

东部裕固语属阿尔泰语系蒙古语族。操东部裕固语的部落主要有杨哥、乃曼、巴岳特、浩尔额开、什开鄂托克、鄂金尼、赛尔丁，主要分布于康乐乡、皇城镇东部和大河乡东部。可能东迁到祁连山之前系不同部落，因而这些部落语言至今仍保持着自身某些显著的特点，在讲话时有很大的不同，都保留有许多独特古老的词汇，应该说他们分属不同的方言或土语。其中，乃曼部落部众今主要分布于康乐乡寺大隆村、大草滩村、红石窝村及皇城镇营盘村、大湖滩村等地，该部落语言中古老词汇保留最多，词汇量最大，相对来说是东部裕固语保留最好的地区。东部地区主要有巴岳特——浩尔额开方言，以大河乡大滩村、红湾村和康乐乡上游村、隆丰村为主。

文字

裕固族的先民在古代曾使用过古代突厥文字，亦称鄂尔浑、叶尼赛文、鲁尼克文等。古代突厥文保留下来一些碑铭，主要有《阙特勤碑》《毗伽可汗碑》《暾欲谷碑》和《回纥英武威远毗伽可汗碑》。突厥文是裕固族先民回鹘人最早使用的文字，大约从8世纪中叶开始使用这种文字，后来，在回鹘汗国崩溃以前，又开始使用用粟特字母创制的回鹘文。甘州回鹘时代，也在使用古代回鹘文。到11世纪甘州回鹘退出河西走廊以后，很可能仍在使用回鹘文。宋元时期回鹘语成为河西一带的通行语言，敦煌、甘州成为裕固族先民——回鹘人的佛教中心。这期间他们用回鹘文记录和创作了许多作品，并进行了颇具规模的佛典翻译工作。明清以后随着河西回鹘势力的衰微，回鹘文逐渐被忘却，用这种文字写成的文献也随之湮灭。19世纪末20世纪初，由于甘肃敦煌藏经洞的发现，开始有一部分回鹘文文献问世。敦煌出土的回鹘文献约占整个（包括新疆）出土的回鹘文献的三分之一，这些回鹘文献是裕固族珍贵的历史记忆遗产。

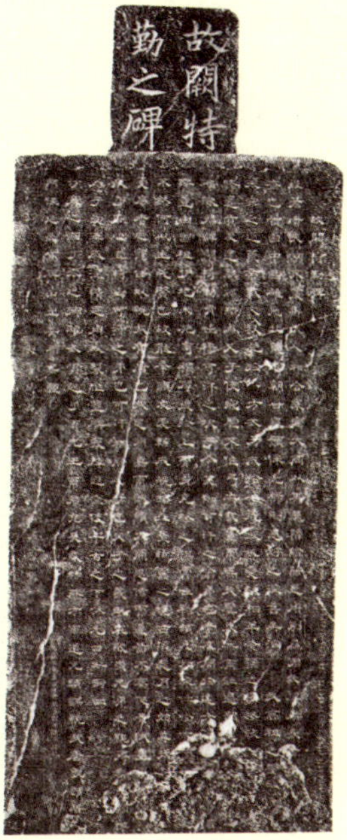

阙特勤碑

回鹘文写本《金光明最胜王经》（简称《金光明经》）于1911年俄国突厥学家马洛夫在甘肃酒泉文殊沟（今肃南裕固族自治县辖区境内）所得，先存俄罗斯科学院东方学研究所，另外两叶为瑞典考古学家别尔格曼于1927—1935年间在甘肃所得，现存斯德哥尔摩民族学博物馆。纸质粗厚，呈黄褐色，保存良好。字体为回鹘文楷书体，几近于刻本体，清晰易读，语言古朴流畅。此经译自唐义净的十卷汉文本。译者为10世纪回鹘著名学者别失八里（北庭）人胜光萨里。甘肃酒泉文殊沟发现的抄本写于1687年，抄经地点是敦煌。由于现存回鹘文文献绝大多数为断简残篇，所

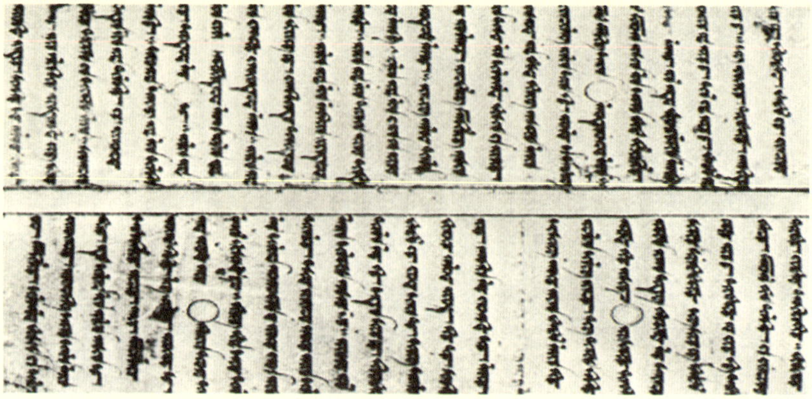

回鹘文《金光明经》残页

以此抄写本就显得特别重要。法国学者沙畹认为《金光明经》是裕固族先民“萨利回鹘的遗物”；中国学者认为这部佛经虽然是别失八里（北庭）人胜光萨里译自汉文，但是抄写时间是1687年，新疆的维吾尔族在此之前200年就全部改信伊斯兰教，所以它的抄写者不会是信仰伊斯兰教的维吾尔人，很可能是裕固族佛教徒，这份文献说明裕固族直到清朝初期至少在宗教界还使用回鹘文。

大元肃州路也可达鲁花赤世袭之碑

回鹘文《大元肃州路也可达鲁花赤世袭之碑》，现存甘肃省酒泉市博物馆，碑文用汉文和回鹘文书写。此碑立于1361年，立碑人为唐兀（西夏）人善居。此碑记录了一个唐兀族家族自西夏灭亡后，到元朝末年150年间六代13人的官职世袭及其仕世元朝的情况，为我们了解元代河西走廊地区唐兀族的活动和回鹘语文的使用情况提供了珍贵史料。据学者研究，此碑的汉文为释教禅师所书，回鹘文撰写者是肃州信奉佛教的裕固族先民撒里畏吾人。

此外，敦煌出土的回鹘文还有如下几种：回鹘文叙事诗《帝啼和法上的故事》；回鹘文秘宗文献《吉祥轮律议》；回鹘文韵文体《观音经相应譬喻谭》；回鹘文《善恶两王子故事》残卷；回鹘文《俱舍论颂注》残卷；回鹘文佛教诗歌集；回鹘文《阿毗达摩俱舍论安慧实义疏》；回鹘文《阿昆达摩顺正理论》节本残卷。上述回鹘文文献都出自敦煌千佛洞，但它们和敦煌藏经洞的汉文典籍一样，几乎全部流落到国外，目前它们分别存于伦敦大英图书馆、巴黎国立图书馆、斯德哥尔摩民族学博物馆和日本京都有邻馆等处，只有很少几件残文保留在我国敦煌文物研究院和兰州博物馆。

明代文献《高昌馆课》中，保存了当时西域各地给明朝廷的公文，且都附有回鹘文释文。其中有几件是来自曲先卫的公文，均为汉文、回鹘文的对照公文。另有来自罕东左卫的公文，是用汉文和回鹘式蒙文书写的。说明在明代，撒里畏兀儿地区，以撒里畏兀儿人为主的曲先等卫中，仍在使用回鹘文，而在以蒙古人居多的罕东左卫等卫中，也在使用回鹘式蒙文。到裕固族东迁，再度进入河西走廊、祁连山脉一带以后，古代回鹘文就逐渐失传了。其主要原因就在于裕固族先民势力的不断衰落，社会一直处于不稳定状态。而且迁徙之后，使裕固族与同语族其他民族相对分离，生活在汉族、藏族、蒙古族等民族中，受其他民族文化的影响较大。在清代，裕固族也曾有限地使用过藏文，一是在寺院中使用藏文；一是给上级的奏折中使用藏文。今故宫博物院中尚收藏有清代各民族地区给清朝廷的奏折，其中就有清光绪年间裕固族为增选贺郎格家副头目而给清政府的奏折，该文书是用汉文和藏文两种文字写成的。这份奏折说明，裕固族也曾在一定范围内使用过藏语藏文。

清代后期，裕固族人口急剧减少，整个民族处于衰落状态。总之，今天的裕固族人民，只有本民族语言，而无本民族文字。现在裕固族人书写通用汉文。20世纪80年代初，有些学者曾在肃南裕固族自治县明花区部分地区的一些裕固族人中推广国标音标，记录本民族的语言，但效果不佳，只有个别人掌握了一定程度的国标音标。

明花沙漠

民间文学

裕固族有着丰富的文化遗产，由于本民族文字失传，民间文学只能见之于传说中，主要有神话、史诗和叙事诗、民间故事、歌谣、谜语、格言、谚语及当代文学。

神话、史诗和叙事诗

神话　神话是人类与自然斗争的原始性幻想故事，是最早反映人类生活的文学形式。每一个历史悠久而古老的民族，都有自己的神话。在裕固族民间文学中，神话所占分量不多，且表现得断续和零碎。目前已发现的有《莫拉》和《火种》。

裕固族有着古老、悠久的历史，并且由多种成分融合而成，其神话来源也应当是多渠道的，数量也不止以上所述。如能不断搜寻，必能搜集到更多的神话故事。

史诗　裕固族婚礼上，有一个非常隆重的仪式，就是请人说史诗《沙特》。《沙特》用诗的语言，述说了天地、山川、草木、人兽等的产生和婚礼的起源，无疑是裕固族的创世史诗。

诵唱史诗

史诗反映了裕固族先民对日月山川、草木人兽、部落来历的复杂、神秘的、幻想的解释和对婚姻习俗来历的解释。史诗不像裕固族其他叙事诗那样，采用间说间唱的形式，而通篇都是诵说，结尾押韵，有一些语言词汇很古老，诵说者也不知其确切含义。如题目“沙特”一词，其义就不明确。

遗憾的是，尚没有人对此系统地加以搜集整理。据说史诗能朗诵约两个多小时，而目前搜集的，只是七百余行，从情节发展来看，缺漏尚多。

明海古城遗址

《沙特》无疑是裕固族最重要的民间文学作品，也是裕固族珍贵的历史文化遗产，在我国北方各民族较少创世史诗的情况下，裕固族的这部创世史诗就显得格外重要，她在裕固族民间文学、历史、族源、神话、语言、民俗研究上有着非常高的价值。

除此之外，著名的英雄史诗还有《俄郎盖塞》。叙述的是英雄俄郎盖塞南征北战，杀灭了无数妖怪，自己做了汗王。这是一个英雄史诗，其神话色彩很浓。

叙事诗 在裕固族民间文学宝库中，《萨那玛珂》《尧熬尔来自西州哈卓》占有重要的地位。无论其思想性还是艺术性，都达到一个很高的水平，堪称是裕固族民间文学中的珍品。

《尧熬尔来自西州哈卓》可以说是一个产生得较晚的叙事诗。它叙述的是裕固族东迁历经苦难的故事。无论东西部，都有相似的传说。叙事诗将古老的传说和严酷的现实巧妙地结合起来，真实、艺术地再现了当时的生活，使这一民间文学作品成为唯一流传的描述裕固族历史的文化瑰宝。

叙事故事情节大多采用散文，而在抒情时却采用歌唱的形式，有点像歌剧，也类似于汉族的戏剧。抒情部分即歌唱的部分曲调优美动听，歌词押韵整齐，对仗工整，辞藻华丽，表现力很强。

民间故事

裕固族民间文学宝库中，有很大一部分是民间故事。这些故事内容广泛，取材丰富，总是与裕固族人的生活密切相关，反映了他们善恶美丑的标准和对美好生活的憧憬与向往，具有鲜明的民族艺术特色。已出版的《裕固族民间故事集》搜集整理近百篇，尚有一大批待整理发表。裕固族民间故事中，有关于裕固族历史及风物的传说故事；有关于西路军转战祁连山时裕固族牧民掩护红军的革命历史故事；有妙趣横生、富于哲理的动物寓言故事；也有裕固族日常生活的世俗故事等。

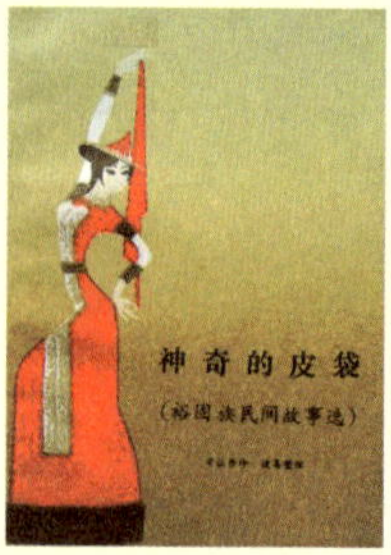

《神奇的皮袋》书影

历史及风物传说故事 除了我们前面所举的《尧熬尔来自西州哈卓》外，东迁和与之有关的传说故事还有许多。这些故事，以其具有一定的历史真实性而具有珍贵的历史意义，在裕固族人的心目中占有很重要的地位。有些传说令裕固人自豪，是对后代

知识链接 **《东迁的传说》** 基本情节和《尧熬尔来自西州哈卓》略同。另有一说法，说裕固族东迁是跟着喜鹊来的。在转移过程中，安姓小伙子问老人，哪儿才是裕固族安身之地。老人说跟上喜鹊走吧!哪儿喜鹊多，那儿就是尧熬尔安身的地方；哪儿芨芨草多，那儿就能生活。于是，裕固族朝着祁连山的方向走。到了黑河，水深浪急，冲走了一些人畜，没法过河。人们又问老人，老人说等到冬天吧!冬天到了，黑河结了冰，才过了河，来到了祁连山。

进行历史教育的材料之一。这一类故事有东迁的传说和“红帽子”人打仗的传说、圈地划界等。

裕固族到了祁连山后，尚无地界。官家指定了一块巨石，说谁能将此石背动，他所走过的地方，以后就是裕固族的地界。其他人都背不动，只有安姓小伙子能背动。他背上沿着祁连山、双海子等地转了一圈，圈下了裕固族的地界。

除以上外，还有一些类似的传说。这些故事、传说无疑是裕固族英雄史诗的雏形，对于研究裕固族族源、迁徙历史、与其他民族的关系和北方诸民族民间文学的流变规律等，具有一定的参考价值。

红西路军“石窝会议”会址纪念碑

革命历史传说 气壮山河的红军西路军转战河西及祁连山的斗争，不仅在裕固族中撒下了革命的火种，而且产生了具有传奇色彩的民间故事。其中有大家熟悉的《红女人》《屈大哥走延安》《小班弟》《红军泉》等等。这些故事深情地表达了受苦受难的裕固族牧民和红军天然的阶级感情和血肉联系，丰富了裕固族民间文学宝库，具有崭新的主题，在裕固族文学史上占有光辉的一页。

珍珠神鹿

生活故事 生活故事在裕固族民间故事中所占数量最多，内容涉及裕固族人生活的各个方面，反映了裕固族人的道德、宗教、生活习俗及真善美与假丑恶的斗争，表达了人们美好的愿望和对生活的态度。这类故事有已发表的《兄弟两个》《神箭手射雁》《珍珠鹿》《贡尔建和尖珂萨》《金银姐妹与木头姑娘》《天鹅琴》等。

动物故事 以某种动物为作品主人公的动物故事，在各民族民间故事中占有相当的数量，在生产方式以畜牧业为主的裕固族中，这样的故事就更多了。动物故事所歌颂、贬斥的都是某种动物，但实际上表现的是人们对美丑善恶的态度，有些故事往往寓含着某种道理，用来启迪人们，不少故事充满了生活哲理，有些则表现了裕固族人诙谐、幽默的乐观情趣和对生活的信心，闪耀着裕固族人的智慧，是裕固族人生活经验和知识的结晶，具有浓郁的民族风格。这类故事有《牧人、兔子和狐狸》《狗的传说》《羊、狼和聪明的兔子》《狡猾的兔子》《兔子和熊》《兔子的尾巴为何长不了》等。

知识链接 **《狗的传说》** 一个有趣的故事，说人不能踢狗(东部裕固族禁忌)，这是因为狗的岁数原来比人大。很早以前，麦子从根到梢都是麦穗，有一天，因为人们浪费粮食，老大震怒，下了一场冰雹，庄稼都被打掉了，只有狗嘴里含了一截麦穗头（又一说是狗尾巴里夹着一截麦穗头），拯救了人类。从此，麦穗头就剩现在这样长了。当时人的寿数比狗小，狗又将自己的寿数减下添给了人，因此狗对人类有功。所以，至今裕固族视狗为家庭成员，忌食狗肉。

歌谣

裕固族是个能歌善舞的民族。宽广的草原不仅孕育了他们快乐、豪爽、奔放的性格，特殊的生产方式和历史传统，造就了他们爱歌唱的习俗。他们的歌谣也是种类齐全、数量众多，从另一个侧面反映了这个民族的精神风貌。

劳动歌 劳动歌无疑激发产生于生产劳动中，起协调劳动动作、鼓舞情绪的作用，也是一种对劳动态度的表现方式。裕固族因其生产方式的不同，其劳动歌具有牧业劳动的特色。主要有《擀毡歌》《垛草歌》《割草歌》《捻线歌》《织褐子歌》《学步歌》《奶牛歌》《奶羊歌》等。这些牧歌又分为两种不同的情况：一种是有词、有曲的；一种以音乐为主，歌词往往是一些数字或衬词，如《催眠歌》《擀毡歌》等。这些歌产生于裕固族人民的生

产实践中，与他们的劳动生活密切相关，节奏鲜明，旋律优美，内容健康，为人们所喜爱，是裕固族人民生活的真实描写和劳动态度的写照。

▲

大河九个泉风光

仪式歌 裕固族的仪式歌可谓多矣，分为歌唱或诵说两部分。其歌唱部分主要为婚礼仪式歌，如《戴头面歌》《送别歌》《哭嫁歌》《迎客歌》《沉香树》《银鬃马》等，都是在姑娘婚礼的整个仪式过程中唱的，内容除表现姑娘对亲人、对家乡的留恋外，还有送亲者及其他“娘家人”对姑娘的劝导和教育。这类歌不仅西部裕固族有，东部裕固族也有，是裕固族婚礼的一个组成部分及不可缺少的内容，在裕固族民间音乐中占有重要的地位。

诵说部分，因其内容大多是赞美称颂当事人、主人或某个东西的，故也将其称之为“仪式赞辞”。主要在喜庆仪式上诵说，在裕固族民歌中具有特殊地位。它分为人生仪式礼赞辞和生活仪式赞辞两种。人生礼仪赞辞主要在剃头礼、成人礼和结婚仪礼上诵说，在这些仪式上的赞辞称为“好来也日”，即“祝愿的话”，有“剃头赞辞”“戴头面赞辞”“勒系腰赞辞”“扬茶赞辞”等。

生活仪式赞辞主要在第一次给马剪鬃毛、剪羊毛、扎新房子等仪式上诵说，主要有“剪鬃毛赞辞”“扎房子赞辞”等等。两种赞辞的内容都是祝愿当事人或主人贤惠漂亮、心灵手巧、威武雄壮、生活富裕等。如在婚礼上有一个新娘扬茶的仪式：当新娘子拿勺子在预先煮好的一锅奶茶中搅动几下、高扬几下时，旁边即有人高声朗诵：

扬不完的茶水和青海湖水一样的多，
两亲家的关系和青海湖水一样的平静；
削不完的黄酥油和黄草坡一样高，
两亲家如同黄草坡一样的有名望；
削不完的白酥油如同雪山一样，
两亲家的关系如同雪山一样的纯洁。

在艺术上，这些赞辞多采用比喻、象征、夸张的手法，语言简练、生动，表现力丰富。

其他形式歌谣　除了劳动歌和各种仪式歌外，裕固族还流传有牧歌、情歌和其他内容的民歌，如《十二相生》《裕固族姑娘就是我》《一个和尚去西藏》《初八的月亮》《达赖喇嘛》《红枣榴马》等等。这些歌谣多方面、多角度地反映了裕固族人的社会生活和内心世界，在裕固族民歌中的价值不容忽视。

谜语

谜语是表现一个民族智慧和形象表现力的语言艺术。裕固族是一个有着丰富谜语的民族，反映了对事物高度的形象概括力和细致的观察力，带有本民族生产、生活的显著特色。如“你吃了，你喝了，你的尾巴越来越干了——勺子”。裕固族喜喝奶茶，熬奶茶时需用带木把的勺子

鬼斧神工

搅动，经过长时间的烟熏火燎，勺把越来越黄，谜面恰如其分地紧扣勺子的这些特点，显得生动、具体。

格言

格言是一个民族斗争经验的总结和智慧的结晶。裕固族的格言不仅数量多，而且哲理深邃，含蓄隽永，是千百年来与大自然的斗争和社会生活经验的总结，闪耀着智慧的火花。如：“持好心的人让你哭，持坏心的人让你笑”，揭示了生活中的一种现象，与“忠言逆耳利于行”有异曲同工之妙；“没有不消融的雪，历史不会停留在一个地方”比喻恰当，富于哲理；“吃别人的别撑坏肚子，给别人干活不要偷懒”，则寓教育于谐趣之中，简洁、生动。这些都反映了裕固民族严肃的生活态度和对生产、生活经验的总结。

明海古城

谚语

裕固族人在日常生活中使用谚语的特点是裕固语和汉语交替运用，互相补充，相辅相成。据有关资料介绍，约产生于公元10世纪的古代突厥文格言残篇就有上述特点。该残篇敦煌出土，现存伦敦大英图书馆，用突厥文录写，共11行，每行约20个字，行间写有汉字。内容如：“百闻不如一见”“用计可以捉到狮子，用蛮力逮不住耗子”“没有不犯错误的智者，没有不迷路的人”等。从裕固族人使用谚语的过程中，我们可以看到谚语所蕴含的文化内涵与裕固人生活的关系。裕固族自古以来就是一个马背上的民族，草原上的游牧生活和畜牧业生产是他们生产、生活和社会经验的主要来源。

知识链接　裕固族谚语

生火不要让过路人拾柴，宰羊不要让借宿人煮肉。
鞍子不好压马，首领不好压人。
野鹿舍山不舍命，獐子舍命不舍山。
离了群的羊是狼的口粮。
灵人的头发薄，笨马的鬃毛长。
青蛙没尾巴，野马无苦胆。
上了马是马猴子，下了马是马孙子。
懒人上了马，屁股就像狼的嘴。
老实马谁都想骑，老实人谁都想使。
没有不失蹄的骏马，没有无过错的好汉。
人靠衣裳，马靠鞍子。
头马不慌，马群不乱。
宁给好汉牵马，不给怂汉出谋。
好牛不站，好马不卧。
花马两张皮，滑人两片嘴。
懒牲口的屎尿多，懒汉子的毛病多。
狗熊刨旱獭，边刨边丢。
狼不吃野狐子，都是跑山的。

当代文学

当代裕固族作家文学创作已走过30个春秋。裕固族作家以自己的创作全方位记录和见证了裕固族发生的巨大变化，他们努力探寻民族历史文化延续的根脉和遗迹，记录时代革新中民族的生活变迁和心灵碰撞，抒写新时期民族经济、文化呈现的新面貌，

裕固族当代文学部分成果

深入思考民族的生存现状和未来走向，尽情弘扬草原文化的独特魅力和多重价值，尝试构建大时空背景下的创作雄心和博爱精神，并使创作最终抵达人类主题的深刻内涵。裕固族作家的质朴、热诚、执着和淡定，集中了民族精神的优秀品性，他们所取得的成绩无愧于生活的时代，无愧于自己的民族。

知识链接

贺继新 裕固族，中国少数民族作家协会会员，甘肃省作协理事，甘肃省诗歌创作委员会委员。自1981年开始创作迄今已在省内外报纸、杂志发表诗歌、散文1 000多篇(首)。1993年12月，其主要成就被载入中国华侨出版社出版的《中国当代高级科技人才系列词典》。2003年6月，中国诗词家学会授予其“50佳诗神”荣誉称号。1990年，诗歌《风啊，别把他摇醒》获全国少数民族文学评奖特别奖。1993年，诗歌《给远方的女友》在中国当代诗人节获“飞天”三等奖。2007年，诗歌《老阿囊的思念》(外四首)获《中国作家》举办的“金秋征文”活动优秀奖。2008年，诗歌《祁连英魂》在“迎奥运、庆祝中国科协成立五十周年作品”征集中被评为一等奖。

◀ 贺继新

贺继新的诗歌主题主要围绕本民族历史、文化、生活而展开。他的创作充满激情，有一种健康阳光的自然心态。作为民族诗歌的拓荒者，他以自己的创作填补了裕固族作家文学的空白，并率先把本族文学推向外界。他的诗歌曾经感染和激励了正在起步复兴的民族同胞，并影响青年文学爱好者积极投身民族文化的建设洪流中，为日后裕固族文学的发展奠定了基石。

◀ 铁穆尔

铁穆尔 裕固族，中国作家协会会员。1987年，毕业于西北民族学院历史系。主要成就以专著《裕固民族尧熬尔千年史》为代表，已翻译为维吾尔文、哈萨克文、韩文。文学创作有散文、纪实文学、小说和诗歌，以散文成就最大。1998年，散文《北望阿尔泰》荣获甘肃省作家协会少数民族文学创作铜奔马奖。2002年，散文《牧场谣》荣获全国民族文学“龙虎山”杯文学新人奖，2005年，获首届“金张掖文艺奖”一等奖。2003年，散文《杜鹃飞渡》获甘肃省敦煌文艺二等奖。2004年，散文《狼啸苍天》获甘肃省首届黄河文学奖二等奖。2007年，散文集《星光下的乌拉金》获甘肃省第二届黄河文学奖二等奖。2008年，获全国第九届少数民族文学创作“骏马奖”。2009年，获张掖市金张掖文艺奖一等奖和首届中国西部散文奖。2009年，散文集《北方女王》获甘肃省第五届少数民族文学一等奖，甘肃省第六届敦煌文艺奖一等奖。2009年，散文《草原挽歌》荣获第三届甘肃黄河文学奖二等奖。

铁穆尔创作的赋予西部大地苍凉恢宏的独特气势，致力于复原游牧的裕固民族历史和心灵的世界，蕴含文化寻根与人文精神，在对草原游牧生活的叙事和民族之根追寻的背后，逐渐走向对人类的终极关怀，引起了散文界的广泛关注与好评，被誉为“中国西部新乡村主义”作者之代表。

苏柯静想

苏柯静想 裕固族，中国少数民族作家学会会员、甘肃省作家协会会员。2000年，毕业于西北师范大学地理系环境规划与管理专业，主要作品有《红女人》《萨尔飞过的地方》等。短篇小说《萨尔走过的草原》获《中国作家》第三届“金秋之旅”征文三等奖，小说《白骆驼》获甘肃省第五届少数民族文学奖小说类二等奖。小说《红女人》荣获由中国作协、民族文学杂志社和中国少数民族作家学会共同举办的“庆祝中华人民共和国成立60周年祖国颂征文大奖赛”一等奖。其创作融现实与历史，小说叙事与现代电影技法为一体，擅长长镜头式的叙事方式，有较强的感染力。

音乐与舞蹈

音乐

由于裕固族文字失传，本民族文化特别是民族的历史都要依靠各个历史时期的民间歌手来传承，因此她的民间文学十分发达，特别是其中的民歌，保留了古代丁零、突厥、回鹘等民族民歌的许多特点，如《裕固族姑娘就是我》《阿斯哈斯》《萨娜玛珂》《黄黛琛》《路上的歌》《说着唱着才知道了》《尧达曲格尔》《我只得到处含泪流浪》等。这些民歌反映了裕固族的迁徙史、婚宴祝酒歌、裕固族的女英雄，以及背井离乡的裕固族人的乡愁。

裕固族民间音乐亦有西部、东部之分。东部民歌以肃南裕固族自治县康乐区为代表，曲调多具有粗犷、奔放的气质，音调接近蒙古族民歌；西部民歌以肃南裕固族自治县明花区和大河区为代表，曲调较平和、深沉，更多地继承了回鹘民歌的传统。按传统的分类法，以诗作词的民歌，西部叫“耶尔”，东部叫“顿”；用衬词、数字及无诗歌韵律的语言作歌词的则不称作“耶尔”或“顿”。

西部裕固族民歌 西部民歌中的“耶尔”又分历史歌、牧歌、割草歌、织褐子歌、捻线歌、情歌、婚礼歌、酒歌等8类；不称作“耶尔”的分奶幼畜歌、垛草歌、催眠歌等3类。

历史歌 西部裕固语称“那木它尔耶尔”，又称“劳玛可耶尔”，意为“故事歌”。歌词长，曲调短小，反复演唱，旋律具有朗诵性。《西志哈志》一歌叙述了裕固族先民16世纪自嘉峪关外东迁入关的史实和传说。

牧歌 西部裕固语称“华勒安耶尔”，衬词多用“啦来老”，故也叫“啦来老”，曲调较平和，柔美。

裕固族生态民歌《裕固族姑娘就是我》

婚礼歌 西部裕固语称“吾勒耶尔”，其中又分戴头面歌、告别歌、待客歌3种。

东部裕固族民歌 东部民歌中的“顿”，分牧歌、婚礼歌两类。“顿”，东部裕固语又称“蒙古尔顿”，意为“蒙古曲”，如以马为题材的《青色的宝马》《三岁的小马》；反映旧时代妇女苦难生活的《紫红的檀香》等。东部裕固人民举行婚礼时经常演唱蒙古曲，如新娘上马时唱《长鬃马》，待客时唱《初八的月亮》，迎亲途中唱《父亲的恩情》等。不称作“顿”的有奶幼畜歌、擀毡歌、 学步歌等。

奶幼畜歌　唱给母畜听的，词曲均不甚定型，带有即兴性。

擀毡歌　擀毡时齐唱的劳动号子，以数字做歌词，借以统一动作，曲调短小，节奏鲜明，常作即兴性的自由发挥，情绪热烈。

学步歌　东部裕固语叫“穆拉达的拉”，意为牵着手走。曲调接近“擀毡歌”，唱词亦极简单。

此外，裕固族中还流行“少年”（花儿）、藏族的山歌、汉族的小调和蒙古族的《划拳曲》等，它们已具有裕固族民歌的某些特点。

共同特点　裕固族东、西部民歌的共同特点是采用五声音阶，大多是由两个乐句构成的单乐段。“耶尔”和“顿”的节奏自由辽阔、音调高亢悠扬，其他民歌节奏规整，结构均衡。歌词有四句一段和两句一段两种形式，以押尾韵为主，有时也押头韵

歌曲《萨娜玛珂》

和腰韵。裕固族西部民歌歌词的格律多以七八个音节为一句，或十一二个音节为一句。这和成书于11世纪的《突厥语大词典》所记载的古代突厥语民歌在每节句数、每句音节数和押韵方式等方面，有许多相似之处。

裕固族民间音乐作品结构简单，大都和古代的劳动生产、生

知识链接

西部裕固族民歌特点 1. 多采用四度－五度调式骨架，其中相距八度的两个主音构成旋律的支柱。从高音区的主音下方四度音作五声音阶式的上行级进到主音，是西部民歌的典型音调；2. 由于单调重音的关系，西部民歌常用前短后长的节奏型，细分强拍，弱拍延长；3. 被称作“耶尔”的民歌，曲首常有吆喝性的短小引子，它往往是全曲音调的核心；4. 有许多民歌第二乐句是第一乐句移低五度的变化重复；5. 旋律进行方式主要有两种基本类型：第一种呈低－高－低波浪形；第二种一开始就在高音区，旋律线从高音区下降后，又有一次起伏。

东部裕固族民歌特点 1. 多采用五度－四度调式骨架，其中相距八度的两个属音构成旋律的支柱；2. 节奏基本划分遵循前长后短的原则，常用细分弱拍，强拍延长的节奏型；3. 旋律多采用低－高－低线条进行，第一乐句上扬，第二乐句下降，这是和东部裕固语的语调相联系的。

活方式（放牧、奶幼畜、垛草等）及风俗习惯密切地结合着。它的歌词格律，分别与古代文献中记载的突厥语民歌、蒙古族民歌有许多共同之处，并且具有许多古代语言的特点。因此，裕固族民歌可能较多地保留了古代因素。

裕固族民歌是研究古代北方少数民歌，特别是突厥、蒙古民歌以及古代北方游牧民族文化历史的重要依据，也是挖掘、发展北方少数民族音乐的基础。

裕固族歌舞

▼

由于大量的裕固族民歌是人们在生产劳动和生活时，如放牧、割草、捻线、擀毡、拉骆驼、婚丧嫁娶、宗教活动时即兴创作的，而近年来，随着社会的发展、裕固族生活方式的变化等，作为民歌承载体的裕固族歌手越来越少，大多数民歌已随歌手的离世而消失，裕固族民歌的传承已受到了严重的威胁，正经历着时代的考验。

千百年来，裕固族人民在其历史发展中创造了丰富多彩的音乐文化，还产生过有广泛影响的作品，为祖国音乐文化的发展和繁荣做出了自己的贡献。

乐器

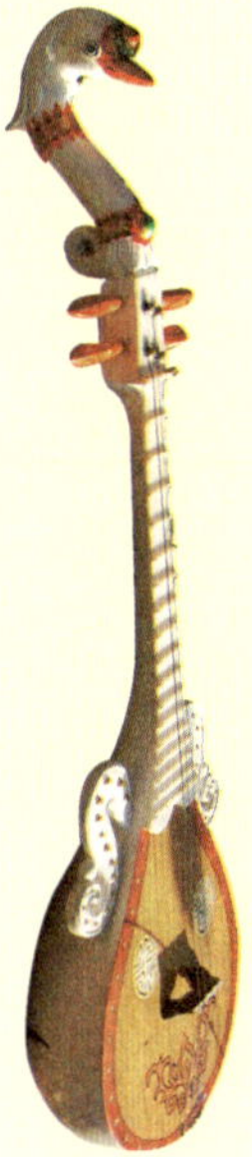

天鹅琴

裕固族音乐乐曲朴素优美、自然流畅，有民歌音乐、舞蹈音乐、宗教音乐等多种。裕固族的民族乐器种类也很多，其中大部分是寺院乐器，有盾（法螺或海螺）、法锣（大锣）、手铃、巴郎鼓、铜质甘令、毕练、大镲、大鼓、喇叭等。也有传说中的传统乐器天鹅琴、牛角鼓，现已失传。

知识链接 **天鹅琴** “天鹅琴”不仅是一个传说，在裕固族历史上确实存在过，大约在400多年前裕固族东迁历程中就逐渐失传了。近年，“天鹅琴”作为道具曾多次在裕固族歌舞中亮相，但并未成为具有演奏功能的乐器。早日挖掘研发“天鹅琴”，成为填补裕固族文化空白的一项重要内容。2007年，由肃南文艺工作者苦心研究，邀请著名民族民间工艺美术家、国家一级美术研发师杨月明参与设计制作，经过6年努力，设计出的“天鹅琴”分为24弦竖琴、二弦拉琴和二、三、四、六弦弹拨3大类，每类琴又根据音域分为高、中、低3种，共3大类9种。2011年，失传已久的甘肃裕固族传统乐器天鹅琴，以其独特的造型和音色重新问世。

舞蹈

裕固族的舞蹈主要有集体舞、双人舞、男女独舞、马上舞等，主要是表现欢庆丰收、喜庆节日、婚礼、狩猎、宗教活动等内容。集体舞的形式多种多样，以鼓乐和歌声伴舞，男女老幼排队或围成一个大圈，中间置以篝火或猎物，节奏或快或慢，或轻或重，强劲有力；双人舞主要表现生活、生产劳动过程中的某些场面；男女独舞以腾跳见长，基本上保留了裕固族古老的舞蹈腾跳形式。

红缨帽舞

舞蹈《天鹅舞》

新中国成立以后裕固族的民族舞蹈有了很大的发展，创作了一大批优秀的舞蹈作品，如《我们来自西州哈卓》《迎亲路上》《奶羊羔》《蜡梅开了》《甜甜的泉水》等。

工艺美术

皮雕

裕固族以畜牧业生产为主，因此其生产、生活用具大部分来自畜产品，作为生产生活用具装饰的皮雕工艺来源于他们的生

皮雕——打酥油

活，来源于他们自身，是裕固族畜牧生活的重要反映和生产生活习俗与审美观结合的产物。作为艺术品的皮雕与他们的精神生活，即宗教信仰有着密切的关联，既有西部游牧民族的特色，又具有本民族的特色，在裕固民族文化艺术中占有一定的地位，是裕固族传统手工艺的一项重要内容。其图案丰富多彩，纹饰优美流畅，风格粗犷豪放，给裕固族的游牧生活增添了活跃的气氛和高贵的气质。其原料以牲畜皮和兽皮为主，以阳雕、镂空、剪切、绘画等为主要手法，并涂以色彩加以装饰后用于工艺画、马鞍、皮靴、刀鞘、皮袋等皮制生活生产用具的装饰。皮雕艺术已基本失传，目前只有一名艺人从事皮雕工艺品的制作，濒危状况十分严重。

刺绣

裕固族刺绣是裕固族生产生活中一个非常重要的辅助性、装饰性手工艺术，它在吸纳了中国四大名绣和藏族、蒙古族等民间刺绣精华的基础上，逐渐形成了自己独特的风格和完整的艺术体系，刺绣作品图案纯朴、色彩艳丽、构图简洁、造型夸张、针法多样、绣工精致，具有浓郁的地方特色和民族气息。其

绣花枕头

内容丰富，种类繁多，有枕顶、肚兜、针扎、绣片、披肩、绣帽、香包、烟包、针包、袜垫、挂片、衣绣、桌裙、门帘、床罩等。所绣内容取材十分广泛，传统的花卉草虫、禽兽鸟鱼、山水树木、吉祥文字、民间几何图案等，无所不包。技艺娴熟的妇女，还刺绣“二十四孝图”“百子图”“吉祥如意”等人物故事。裕固族民间刺绣有的写实，有的浪漫，有的夸张，创造出无数既富有装饰趣味又有浓郁的乡土气息的刺绣工艺品，显得率真、纯朴、热烈、狂野。民间歌云：“八岁学针线，十三进绣房，进了绣房绣鸳鸯，百样故事都绣上。”既是一种灿烂的民间文化，又是丰富多彩、真真切切的民俗生活。

绣花药包

绣花荷包

剪纸

裕固族剪纸艺术来源于本民族的生活，作为艺术品的剪纸艺术与他们的精神生活，即宗教信仰有着密切的关联。裕固族剪纸艺术，其风格明快、简练，注重对称，形象生动活泼，自然流畅，栩栩如生，颜色朴素大方，带有浓郁的生活情趣。图案以人物、花、鸟、虫、草及鸡、鸭等家禽和羊、马等牲畜为多。目前，主要分布在肃南裕固族自治县明花乡一带。但随着社会的发展和不断进步，目前只有少数老人擅长剪纸艺术，主要用于服饰刺绣、马鞍和生活用具等。

裕固族剪纸作品

传统体育

裕固族传统体育具有悠久的历史。裕固族的先民在回鹘汗国时期，每年都由部落可汗指令组织举办“苏木遮”大会（同蒙古族的“那达慕”大会相似），主要以玩水（泼水）为主，开展赛马、马术、摔跤、射箭、拉爬牛（押架）、爬山、拔棍、撂抛子等体育比赛，还搞叼羊羔、打蚂蚱、拴疙瘩、找寺庙等体育游戏，有些还常常以围猎作为一种竞技和娱乐活动，常乐不息，始终保持着乐观的胸怀。这些活动也是草原游牧民族共同的传统娱乐项目。

现在主要开展的裕固族传统体育项目有赛马、赛骆驼、摔跤、射击、射箭、拉爬牛、拔棍、拔腰等。

摔跤

裕固语称为“玛勒啊拉斯”，是裕固族传统的体育娱乐运动。它既是一种力量的角逐，更重要的是技巧、智慧和毅力的较量。

摔跤时，自愿报名或由众人推荐摔跤手，双方人选选择确定之后，主持人说：“依勒玛勒啊噢什，依采尔沟什卡丢尔特。”含义即是：一个马鞍子，是用四块木板做成的，好汉子的本事只拼三次。之后比赛开始。双方侧身抱好对方的腰，双方都认为抱好后，主持人宣布开始。如果强弱悬殊，很快就见分晓。如势均力敌，那就要看双方斗力、斗智。可以用腿绊倒对方，可用极低的姿势压倒

摔跤 ▶

对方，可用收拢双臂勒紧对方腹部，使对方难以呼吸，也可用僵持的办法稳住自己的阵脚，以消耗对方的体力，看谁能先将对方摔倒。

过去，裕固族把摔跤视为一种民间赛事，参加比赛的摔跤手共摔三次，两次或三次赢者为胜。对胜者没有奖赏，但被牧民视为好汉子，裕固族称为“巴特尔”。获胜的小伙子特别受到人们的赞誉，当然会格外得到姑娘们的青睐。

赛马

裕固族赛马，分为走马赛和奔马赛两项。

走马赛：比马的走势，要走得快、稳，步子不乱。奔马赛：主要是赛速度。

赛马

赛马获胜者要披红挂彩，还要给予一定的物质奖励。赛马获胜，是马和骑手互相配合的结果，也是二者多年辛勤努力的成果，是力量、技巧、胆量和勇气的巧妙结合。

和其他游牧民族一样，裕固族也被称为“马背上的民族”。裕固族人民非常喜爱赛马，千百年来，裕固族一直离不开马。裕固族在历史上是游牧民族，孩子出生，还在襁褓中就由他们的父亲背或抱着骑在马背上，所以裕固族人民和马有着很深厚的感情。谁家有一匹骏马，就感到荣幸和自豪，会受到别人的称赞和羡慕。

裕固族在传统节日、庙会、祭祀、婚礼等重大场合都要举行赛马活动。平时，青年男女走到一起，为了比试骑术高低，坐骑优劣，经常自发即兴比赛。大家议定一座山、一棵树或一户人家为终点，一人吆喝，众人扬鞭催马飞奔，赛马就开始了。正规的

赛马

赛马活动则由行政单位组织，少则数十匹，多则上百匹，蔚为壮观。

射箭

自古以来，裕固族为了能够生存，练得弓马娴熟。用弓箭打仗，靠弓箭狩猎。随着社会的不断进步，有了各种式样的枪支，弓箭也随之慢慢地退出了裕固族的生活领域。但即便如此，现在常有年轻人自制弓箭，三五成群聚集在一起，指定某一目标，弯弓射箭进行比赛。而且，在裕固族婚礼上，新郎要预先备好红柳制成的弓和三支箭。在新娘走进家门的时候，新郎要三箭齐发轻射新娘，意为射箭驱妖，箭要射在新娘腰带以下部位，以射中为吉利。新郎为了射中这关系重大的三箭，平时要进行射箭练习。颇有盛名的裕固族射箭，现在只能在婚礼中偶见一斑。

射箭

拔棍

拔棍是裕固族小伙子在牧场上进行的一种民间体育运动。夏季草原牧草茂盛，羊群不会跑散，放牧的小伙子往往聚集到一起，通过拔棍一决胜负。

拔棍时，两人面对伸腿坐地，双脚相蹬，拿一根结实的木棍横在中间，两人双手紧握木棍，号令“开始”，便使劲往自己怀里拔棍。只要先把对方的臀部拔离地面，就算胜利。胜者洋洋自得，败者将受到挡羊、赶马的惩罚。拔棍看似容易，实际是一项全身性的竞技项目，而且拔棍方法简单，所用棍棒随处可寻，又不需要大的场地，所以深为裕固族男子喜爱。

拔棍

赛骆驼

赛骆驼活动主要集聚在西部裕固族地区，大部分牧民家里都养骆驼，有着得天独厚的赛骆驼条件，比赛规则与赛马基本相同。

拉爬牛

拉爬牛，又称“押架”，又称“大象拔河”，是牧民群众在放牧小憩和牧归晚饭后爱玩的一种游戏。

拉爬牛

顶杠子

顶杠子，又称顶牛，是牧民群众常在集聚场合中做的一种游戏。比赛时，两个人分别将长1.5~2米的一根木棒的两头分别定在各自的肩胛处，所站之处画有终线，谁能把对方顶过线者为胜。

顶杠子

裕固族传统体育不但是各民族群众健身和娱乐的重要手段，还是牧民群众在“祭俄博”等重大民俗活动中的主要娱乐内容，并与人们现代生活息息相关。

勤劳勇敢的裕固族人民同各兄弟民族一道，在征服大自然的过程中，创造出许多别具特色的体育活动项目，是裕固人劳动和智慧的结晶，充满了浓郁的民族文化特色，融健身、娱乐于一体，世代相传，经久不衰，是当今宝贵的民族文化遗产。

第六章
民族区域自治

新中国成立后，肃南地区裕固族人民获得了民族平等和民族区域自治的权利。1954年，肃南裕固族自治县成立。自此，裕固族人民的生活发生了翻天覆地的变化，以主人翁的姿态，建设着美好家园。

肃南裕固族自治县

肃南裕固族自治县成立于1954年，因在肃州之南而得名，是全国唯一的裕固族自治县，地处河西走廊中部、祁连山北麓一线，东西长650公里，南北宽120公里~200公里，与甘青两省7个市（州）15个县（市）区相连，总面积2.4万平方公里。全县辖6乡2镇、9个国有林（牧）场、101个行政村和3个城镇社区，有裕固、汉、藏、蒙古等16个民族，共14 554户，37 579人，其中农牧业人口2.55万，占68%；少数民族人口2.12万，占56.5%；裕固族人口1.02万，占27%，人口密度为每平方公里1.5人，是一个高寒山区传统畜牧业县，也是国务院确定的22个人口较少民族县份之一。

历史概述

新中国成立前，裕固族的社会制度有极鲜明的特征，既有原始社会的部落组织，又表现出封建社会的阶级特征。这种部落制与封建制结合的特征，具有深厚的历史渊源。

在回鹘时代，实行可汗以下的部落联盟制，从形式上看，其

祁连山脉

政权是统一的、集中的，但是，这种集中统一是建立在部落制的基础上的，部落首领在政治上既是可汗之下的大臣，又是部落酋长，身兼双重身份。部落民众是部落酋长的属民，属民对部落酋长有人身半依附关系。部落的封建宗法是部落酋长统治居民的工具，部落酋长依据封建宗法，既有率领民众保卫部落的统一与安全，保护属民不受外来侵犯的义务，又有生杀予夺的权力，不受汗国干预。

肃南影剧院

在经济上，部落酋长是封建领主，掌握着部落的经济命脉，是牧场和牲畜的占有者。牧民将其经营的大部分产品上交部落，仅有少量的产品维持自己最低下的生活。由此可见，在部落制度下，封建领主是通过部落占有制掌握生产资料。

肃南全民健身中心

在军事上，部落酋长是统领各部落兵力的首领。在部落制度下，牧民平时游牧，战时出征，亦兵亦牧，半兵半牧。牧民自己的乘骑和刀枪弓箭等物，平时是放牧、狩猎的工具，战时就是武器，这是部落酋长手中的经济和军事实力得以体现的根本。

各部落名义上是汗国的组成部分，实际上各部落之间的关系是松散的，都拥有较大的独立性。各部落以自己传统的选举方式拥立酋长，子孙世袭，分地而牧，其他部落乃至可汗不加干预。部落联盟制在某些时期曾经发挥过凝聚各部落力量、建立地区性政权的作用。但是，松散的部落联盟的弊端也是显而易见的，在强大的军事进攻面前，容易招致失败，如西夏突袭回鹘夺取甘州，正是这种弊端造成的。

▲ 肃南裕固族自治县红湾寺镇

元明以后，部落仍是撒里畏吾的基本社会组织，但不同于回鹘的特点。半军事组织“卫”的建立，各部落由中央政府封官赐印，使部落与“卫”合为一体，部落酋长就是各卫首领。1403—1424年前后，西域各卫逐步联合在安定王之下，成为撒里畏兀儿的组成部分。撒里畏兀儿东入嘉峪关之后，明朝政府将东迁之众安置在肃州塞内和甘州南山，又称作“红帽番儿”，清初又被称作“西喇古尔黄番”（简称“黄番”）。

1950年肃南牧区的牧人 ▶

1698年，清朝封“大头目”厄勒者尔顺为“七族黄番总管”，赐标志职衔的黄马褂和红顶蓝翎帽。这就形成了总管之下的七族联合制。至此，撒里畏兀儿统一于清朝，结束了明中叶以来不相统属、分散自

保的困境，实现了统一的领导，开始了新的政治生活。

新中国成立前，裕固族的社会经济，在肃南以个体私有的游牧经济为主，在黄泥堡以个体私有的农业经济为主，都属自给自足的自然经济。手工业尚未脱离主要生产部门单独分离出来。虽然唐、宋、辽时期，回纥商人足迹遍及西域和中原各地，回纥经商著名一时，但到肃南地区解放前夕，裕固族的经济仍然很落后，商品交换少。占人口很少的牧主、地主和部落头目，拥有社会绝大部分牲畜、草场和土地，他们通过雇工、租佃和典当草场（土地）、放高利贷等方式，对广大占有很少或不占有生产资料的农牧民和牧工进行剥削。

20 世纪 50 年代的互助组

肃南裕固族自治县

马鹿

牦牛

马群

民国时期

国民党的苛捐杂税、劳役也很重。在社会制度上，肃南地区实行的是封建部落制度，部落头目对群众拥有特权，国民党政府则通过部落上层对裕固族人民进行统治。黄泥堡地区实行的是保甲制度。

肃南裕固族自治县成立

新中国成立后，裕固族传统的部落制度消亡，建立了新的社会制度。肃南裕固族自治县之下的区、乡取代了部落的社会职能，它是裕固族社会制度的重大变化。

新中国成立后，裕固族人民获得了民族平等和民族区域自治的权利。1954年成立了肃南裕固族自治县和酒泉县黄泥堡裕固族乡，整个经济结构得到了彻底调整。裕固族经济制度也随着新中国的发展而发展，与全国人民一道经历了互助合作——公私合营——人民公社——生产责任制等阶段。1955年第一个裕固族长年性牧业互助组——安立邦互助组成立，1956年裕固族地区完成了民主改革，1958年农牧业实现了合作化和对牧主经济的社会主义改造，全面实现了初级合作社，建立了皮革厂、被服厂、农牧具修配厂、地毯厂、奶粉厂等。20世纪80年代，乡镇企业异军突起，蓬勃发展。到1989年底，全县乡镇企业已发展到160多家，其中采矿业的发展更是效益突出，铜矿、煤矿、萤石矿等已成为当地的支柱性产业。进入20世纪90年代，裕固族地区的工业经济又呈现出新的态势，一批新型的工矿企业建成投产。肃南裕固族自治县成立50周年之际，肃南裕固族自治县国内生产总值达到3.76亿元。农牧业发展成就巨大，通过牧草、畜种改良，兴修水利，科学养畜，科学种田，农牧业基础得到了改善，增强了发展后劲。中小学教育形成体系，卫生院（所）配置完备，为裕固族群众提供了教育、医疗保障。裕固族人民的生活水平有了很大提高，裕固族干部队伍、科技队伍迅速成长起来。

目前，自治县全年国民生产总值完成28.14亿元，人均生产总值达到7.4万元，完成固定资产投资54.85亿元，人均国民生产总值达到4.5万元。如今全年牲畜存栏72.21万头（只）；地方财政收入5.19亿元，目前，全县农牧民人均纯收入达到11 480元，是1958年的86倍；城镇居民人均可支配收入达到17 280元，恩格尔系数下降到38%，人口平均寿命提高到现在的73.3岁。农牧民的生活发生了翻天覆地的变化，自治县转型跨越发展迈出了新步伐。

黄泥堡裕固族乡

黄泥堡裕固族乡地处祁连山北麓的河西走廊中段蒙新荒漠过渡带东部，位于甘肃省酒泉市肃州区东北部30公里处，是肃州区

黄泥堡裕固族乡首届文化艺术节

唯一的少数民族乡。该乡总面积125平方公里，居住着裕固、藏、汉等民族，总人口1 687人，其中裕固族有1 050人。1955年设民族自治乡，1958年改为黄泥堡公社，1981年改为黄泥堡裕固族公社，1983年置乡。辖黄泥堡、沙枣园子、新湖3个行政村，乡政府驻黄泥堡村。

黄泥堡裕固族乡养殖基地

黄泥堡裕固族乡属温带干旱气候，海拔1 340米~2 200米之间。地势由西南向东北倾斜，由冲积扇、戈壁、绿洲、沙丘等相间，地形平坦开阔。主要河流有观山河、红山河等。全乡耕地面积6 366亩，草原面积13万亩。以农业和畜牧业为主。野生动物主要有狐狸、刺猬、沙鸡等20种，亦有甘草、麻黄、草红花等50多种中药材资源。已初步探明的矿产资源主要有石灰石、花岗岩、芒硝等。农作物主要有小麦、玉米、甜菜、油料、瓜类等，并畜养牛、羊等。如今全乡经济总收入达到2 417.2万元，人均纯收入近万元。

境内历史文化遗迹保存有冰草井子、马莲井子、双骨堆、大

黄泥堡裕固族乡文娱生活

疙瘩、八里井子和官营墩等。

中华人民共和国成立前，黄泥堡裕固族乡的社会经济以个体私有的农业经济为主，属自给自足的自然经济。手工业尚未脱离主要生产部门单独分离出来。虽然，唐、宋、辽时期，回纥商迹遍及西域和中原各地，名盛一时，但到中华人民共和国成立前夕，当地裕固族的经济仍然很落后，商品交换少。占人口很少的牧主、地区和部落头目，拥有社会绝大部分牲畜、草场和土地，他们通过雇工、租佃和典当草场（土地）、放高利贷等方式，对广大占有很少或不占有生产资料的农牧民和牧工进行剥削。国民党反动派的苛捐杂税、劳役也很重。在社会制度上，黄泥堡地区实行的是国民党政府的保甲制度。中华人民共和国成立后，使裕固族的人民获得了民族平等和民族区域自治的权利。1956年裕固族地区完成了民主改革，1958年实现了合作化和对牧主经济的社会主义改造。随着社会经济的发展，裕固族人民的生活水平日益提高。

黄泥堡裕固族乡的裕固族人主要从事畜牧业，信奉喇嘛教（藏传佛教）。奶和茶在当地人的日常生活中占有十分重要的位置，有一日三茶一饭或两茶一饭的习惯，每天早晨起床后，一般都先将净水或刚开锅的茶舀一勺洒在帐篷周围，意味着新的一天已经开始，然后调入酥油、食盐和鲜奶反复搅动后即可饮用。如果再加上酥油、奶皮、曲拉（奶疙瘩）、炒面、红枣或沙枣就可当早点了。中午也要喝茶，到了晚上，待一切劳动结束后，才开始正式吃饭。晚上吃的饭一般以米面为主，有米饭、面条、面片等。平时喜食牛、羊肉，通常把牛、羊肉做成手抓肉、全羊、牛、羊背子（即把完整的牛、羊臀尖带骨煮熟上桌）、焖羊肉条、风干羊肉干、牛、羊杂碎汤等。除牛、羊肉外，也食猪肉、骆驼肉、鸡肉或炒菜。食用牛、羊时常佐以大蒜、酱油、香醋等。

体育活动场所

该乡的裕固人禁食“尖嘴圆蹄”肉。“尖嘴”主要指飞禽（如鸡、大雁，各种鸟类），“圆蹄”则指驴、骡、马这三种动物。不禁食鸡、鸡蛋类，但仍然忌食猛禽，如鹰、雕、隼等；而对于“圆蹄”类则仍禁食。另外，不在“尖嘴圆蹄”之内的狗肉、狼肉、旱獭肉也在严格禁食之列。

黄泥堡裕固族乡土地广阔，地理条件独特，自然资源和旅游资源丰富，是具有浓郁民族风情的裕固族之乡。黄泥堡裕固族乡积极开展民族团结进步创建活动，在中央和省、市、区的大力支持下和当地群众的积极努力下，先后投资220万元，重点实施了农网改造、小康住宅示范户建设等工程。黄泥堡裕固族乡自来水入户率已达到80%；已建成高标准小康住宅示范点2处，有100多户农户翻建、新修了住房；建成“五配套”高标准养殖户80户和养殖小区示范小区2个。实施电话“组组通”工程，已完成通信基站建设和主干光缆铺设。围绕较少民族发展项目的实施，投资600多万元，建设完成了政府办公楼，寄宿制学校教学楼、公寓楼，10公里通村油路，人畜饮水建设等项目，使黄泥堡裕固族乡基础设施建设进一步夯实，人居环境得到改善，黄泥堡裕固族乡经济社会发展迈上了新的台阶。

黄泥堡裕固族乡先后获得全中国“百县千乡宣传文化工程示范点”、甘肃省“民族团结进步先进单位”和“甘肃省体育先进

黄泥堡裕固族乡文化科教中心

乡”等称号。2006年又被甘肃省委、省政府授予“甘肃省民族团结进步模范乡”荣誉称号。

黄泥堡裕固族乡将一如既往地坚持开展民族团结进步创建活动，以民族团结进步创建活动为载体，不断解放思想、转变观念、锐意进取，围绕和谐稳定，进一步增强民族团结，走出具有民族特色的发展之路。

第七章
民族经济

新中国成立以前，裕固族多以牧业为主，依水草而居，其经济形式单一。自改革开放和民族政策的实施以来，裕固族人民逐步实现定居化，从而打破了经济结构单一的局面，手工业、农业、工业发展迅速，加快了民族经济的多样化，为民族经济振兴提供有力保障。

畜牧业

裕固族是一个游牧民族，畜牧业经济是其社会经济的主体。但随着时代的发展变化，裕固族的经济形态逐渐发生了一些结构性的变化，这就是在逐步实现定居化的同时，发展了农耕经济。如在新中国成立前，黄泥堡裕固族就已经过渡成为农耕民族，而新中国成立以后，这种发展在逐渐加快。这就使得现代裕固族的经济形态具有了多重性。

牧场

牧羊

肃南裕固族自治县是一个以牧为主的牧业县，畜牧业在自治县经济中占主导地位。全县有可利用草场面积142.2万公顷。自治县成立前，畜牧业生产技术相当落后，1949年全县大小牲畜共8万多头（只），牧业产值按1952年不变价值计算仅80万元，以1980年的价格折合计算也仅106万元。

高山细毛羊

自治县成立后，肃南牧区经济经过民主改革，彻底破除了历史上束缚牧业经济的部落制度，确立了社会主义制度。草场、牲畜占有关系和畜产品分配制度的根本变革，大大激发了各族牧民的生产热情和积极性，提高了劳动效率。20世纪80年代，牧民实行联产承包制度，再次调动了广大牧民的生产积极性，牧区经济和牧民生活水平有了大幅提高。到自治县成立三十周年时，即

1984年末，全县大小牲畜共59万头（只），牧业产值达1 592万元。在甘肃省牧业县中排名第二，在全省86个县（市）中排名12位，其绝对量不仅超过全省平均水平的11倍，而且总产值超过全国平均水平。

▲

雪山脚下

改革开放后，自治县确定以畜牧业为全县经济发展的支柱产业，制定了“多种经营、全面发展”的牧业发展方针，其中绵羊改良则是牧业经济效益不断提高的重要途径和关键措施，于1980年培育出“甘肃高山细毛羊”新品种，于1989年引入澳洲美利奴优良种羊，在皇城育种场开展澳血改良工作，经过三年努力，取得较大成功，经济社会效益显著提高。1996年又开展黄牛冻配改良和绒山羊基地建设工作，还引进青海野牦牛血统进行牦牛复壮工程，形成了以饲养绵羊为主，绒山羊、牦牛、黄牛、鹿并重的生产格局。

◀

肃南裕固族自治县——祁连山马鹿驯养基地

畜牧业的发展，有力地推动了全县的经济发展，也极大地提高了牧民群众的生活水平。随着畜牧业的稳定发展，以畜产品为主的地方民族工业也有长足进步，形成优势互补、城乡互促的县域经济体系，全县整体水平得到很大提高。截至目前，基本形成了以皇城、康乐、大河、马蹄为主的70万只甘肃高山细毛羊生产基地，以祁丰、明花、白银为主的10万只绒山羊生产基地，以皇城、康乐、大河为主的5万头牦牛生产基地，以县鹿业公司为主的800头祁连山马鹿驯养基地，各类牲畜饲养量达到116.03万头（只），畜牧业总产值达到34 945.93万元，年均增加1 556.54万元，农牧民人均纯收入11 480元。

工业

肃南全县用电量达5 513.48万千瓦时，供需基本平衡。规模以上11户水电企业基本实现了满负荷运转，累计完成工业增加值0.82亿元，实现销售收入1.53亿元，发电量6.3亿度。

水电开发

肃南祁丰新洲矿业公司

肃南裕固族自治县的矿产资源极其丰富。初步探明，储藏着大量的铁、铜、铝、铬、锌、锰、镍、金、锑、钨等金属矿产。非金属矿产有煤、石膏、萤石、大理石、玉石、石棉、芒硝、黏土、云母等。已探明的金属矿和非金属矿有31种，分布在262处，是全省黑色、有色金属矿产的富集区，已建成祁青工业园区和大河循环经济工业园区两个以矿产品加工为主的工业园区，其中祁青工业园区已被批准为“全省新型工业化产业示范基地”。

金属矿产主要有钨、钼、铜、铁、铅锌等，其中已探明的钨钼矿储量在全国单个矿山储量中排名前5位，居亚洲第3位，钨矿资源量达到46.3万吨（金属量），钼矿资源量达到100万吨（金属量）。非金属矿有煤炭、萤石、石灰岩、蛇纹岩、石英砂、石膏、大理石等，其中煤炭资源储量约1.3亿吨；祁连玉储量丰富，品质极佳，声名远扬，具有广阔的开发前景，肃南县已获得“中国观赏石之乡”和“中国祁连玉之乡”称号。

其他已探明储量的还有，锰矿2.93万吨，铬矿12 230.9万吨，铜矿5.2万吨，镍矿2.0万吨，铅矿1.8万吨，锌矿1.7万吨，锑矿2 400吨，萤石121.7万吨，石英砂矿780万吨；石灰岩矿13 684.9万吨；白云岩6 169万吨，硫矿11.42万吨，黏土矿337.5万吨，石膏矿4 115.57万吨，玉石矿750万立方米，芒硝5万吨，重晶石12万吨。

全县规模以上企业达到24家。累计完成工业固定资产投资28亿元，实现工业总产值48亿元、工业增加值18.2亿元。

林业

全县有林业用地807.94万亩，其中林地157.03万亩、灌木林地601.53万亩、疏林地24.83万亩、未成林造林地5.02万亩、宜

肃南裕固族自治县境内祁连山涵养水源

林地19.37万亩、苗圃地0.10万亩，林业辅助生产用地0.06万亩，森林总蓄积量1 611万立方米，森林覆盖率为21.8%。

全县共完成造林1.45万亩，封山（滩）育林38.6万亩，育苗0.13万亩，林木、林地、野生动植物和湿地资源得到了切实有效的保护。

手工业

▲

装茶叶的皮袋

装炒面的皮袋 ▶

由于裕固人常年生活在雪山高原和沙漠草原上，主要从事畜牧业生产，所以生产、生活用品多以皮张、毛类为主。穿的毛毡袄、皮袍、褐袍、皮靴子，戴的狐皮帽，住的各种帐篷，用的皮毛被褥、皮水桶、茶窝子、马鞍、棚草席、草筐等都是自己加工制作的，有着悠久的手工业历史。

皮制品 过去，裕固族各部落都有自己的“皮匠”。“皮匠”除加工皮子外，还兼做皮件衣服的缝制和皮制品的加工。他们常年骑马，带上工具流动巡回在山间、帐篷、牧场，为牧民加工、缝制各种用品。加工皮制品必须付出辛勤的劳动，先软化皮子，然后又不断刮磨，用手揉搓。将各种生牛皮、羊皮、鹿皮等做成熟皮，加工成柔软漂亮的生产、生活必需品。过去有些“皮匠”还把加工的半成品皮张卖给皮货商。

毛制品 用各种羊毛制作的生产、生活用品，是裕固人最普遍、最传统的手工艺品，有着悠久的历史。裕固族妇女把羊绒、驼毛、牦牛毛等捻成不同用途的毛线，然后手工制作褐布、帐篷、褡裢、口袋、毛毯等。制作褐布也要根据用途分粗、细两种。制作衣服的褐线

▲

木制纺毛机架子

▲

纺毛线工具

捻得精细，织出来就薄而轻，要使用上等的羊绒毛线。有些牧民一年四季都穿褐衫袍，这种衣服俗称“上不沾雨，下不沾土”。其他如褡裢、口袋或者帐篷用褐子，多采用牦牛毛、山羊毛等，毛线较粗。在沙漠、草原上生活的裕固人还以骆驼毛制作褐子和驼毛棉袄、毛巾、毛袜等。这种驼毛褐布柔软、暖和、轻便耐用。用毛线制作的褐子还可做成毛毯、褡裢、茶袋、粮袋、背包、被褥、帘子等用品。

纺毛线

毛线制背包

知识链接 **织褐子** 裕固族织褐子习俗与其自古以来畜牧业为主的生产生活方式有着密切的联系。所需的绝大部分生活资料来源于牲畜和畜产品，裕固族先民以游牧为主要生产方式，以自给自足为主要生活方式，从而形成了织褐子习俗。褐子在裕固族先民的生产生活中具有重要作用，其主要材料是牛、羊、驼毛捻成的毛线，经染色处理后，以场地的大小褐需要决定其长短，用专用的木制器具织制，织褐子因操作简便不分男女、大小，都可操作，主要用于做帐篷、裕固族服饰、鞋袜、褡裢、驼鞍、茶叶袋、面口袋等日常生活用具，其制品瓷实、耐用、不渗水，色彩丰富，花纹多样，用途广泛，而织作过程、织品、色彩花纹都具有本民族鲜明的特色。织褐子从内容来说是一项裕固先民不可或缺的生产活动；从其用途和特色来说，反映了裕固民族逐水草而迁徙的游牧生活写照；从其内涵来说，则反映了裕固民族的发展变迁、经济生活、审美情趣、生活态度等，是裕固族手工艺的初现。保护及传承织褐子对于研究裕固族的畜牧业经济发展史、服装服饰发展史和生产生活习俗具有重要的研究价值。目前，织褐子习俗主要分布在肃南县明花乡、大河乡、皇城镇、康乐乡。但随着社会的发展和生活水平的提高，褐子制品因其制作过程过于原始，使用范围越来越小，替代品越来越多而逐步趋于消亡。即使有个别老年人保留了其制作工具和手艺，也是作为纪念，其真正用途已无法发挥。

织褐子

擀毡工序——滩毛

擀制毛毡是裕固人的传统工艺，流传很久。擀制毛毡操作技术复杂，工艺分粗、细和薄、厚几种。毡分硬毡、软毡。粗毛毡多采用山羊毛、牦牛毛、绵羊粗毛等制作，而细毛毡采用的是比较柔软的羊绒、羊羔毛等绒毛。制作方式也有区别，一般擀制毛毡的操作方法是用毛竹或柳条、芨芨草等编成的网子，将打散的毛均匀地铺到网上，喷上盐水或酸奶水等，卷成圆筒反复滚动、打压。如果是擀制毡袍、毡帽、毡鞋等用品，则用手反复碾轧滚动成形，操作更精细。裕固族地区的擀制毛毡，除自己加工外，也请外地毡匠来擀制，主要是擀制帐篷、毛毡等。其他服饰及穿用毡衣多由自己加工。

捻成的毛线，还可以染色。除制褐布外，还用毛线编织毛衣、口袋、毛绳、花带、骑畜衩带、笼头、毛巾、手套、袜子、帽子、背包等，款式多样，色彩鲜艳，用途广泛。

芦苇编筐

草编制品　裕固人生活在草原上，掌握了很多种草编技术。他们用芨芨草、柳条、苇子等编制筐、席、篮、扫帚、笆等。装粮食的囤筐就是用毛柳、红柳、芨芨草还编制的，非常牢固耐用。用芨芨草还可以编制房席、炕席、棚席、车席笆、围席。用芨芨草、苇子、冰草、沙株草等杂草可以编草绳、草裢子，有些湖泊里生长的菖蒲秆可以编席、蒲包、扇子、窗帘子和做乐器（笛子）。

金属加工制品　裕固人的先民回鹘加工铜、银器的技术比较精湛。新中国成立以后，明花的杨发元、大河的恩盖卡基等寺院和尚都从事银、铜铁器加工。他们能制作修理银碗、酥油铜灯、茶壶、刀具、鞍具及服饰品类玛瑙、手镯、风壳、耳环、戒指、项链等，也能加工眼镜、玉石具、烟具、牛角火镰、腰刀、弓箭、土火炮等生活生产用具。

铜酒壶

银碗

木工制品　裕固族人还熟练掌握了一些木工技术，如加工、修理水桶、车辆、帐房杆、打奶桶、衣柜、畜棚架、门窗、围栏杆、马鞍、驴鞍、骆驼鞍、水井架等生活用具和生产工具。

木制桶

随着民族政策的落实和牧民生活的提高，人们对美好生活的要求越来越高。现在好多牧民用毛料、丝绸等高级衣料、织金缎、水獭皮做民族服装。不少民间艺人开门设点，设计缝制裕固族、藏族、蒙古族服装和民族景点帐篷，现已批量生产。县地毯厂织出的产品造型美观，质地上乘，图案精美，做工精细，具有传统民族工艺的各色纯羊毛地毯、马褥子、马鞍鞯以及摩托车、小车坐垫，不但深受肃南各族人民的喜爱，而且畅销国内外。

交通运输

自治县成立以前，裕固族地区的交通运输极其落后，主要靠人背畜驮，运输非常困难。牧民骑马赶驮牛，一般赶7~9头

赶集

知识链接　在十分恶劣的生活环境下，为了生存，裕固人摸索出了一整套以畜为主的运输经验：驮牛一般负重70公斤，马匹60公斤~70公斤，毛驴不超过60公斤。明花地区用骆驼搞运输，每峰驼可负重150公斤~200公斤。骆驼的负重耐久力长达5~7天，驮牛的负重耐久力大约为8小时，而马匹约6小时，毛驴则一般不超过5小时。

（四），若驮牛多，则分批前进，防止冲撞、翻了驮子。在平路上赶得紧，上山下坡则由牛自由行走。牧民很爱护自己的牲畜，从不让它们超负荷劳作，并精心饲养。牧民上坡骑马，下坡则绝对下马，裕固族有句俗语："上坡不骑马不算马，下坡不下马不算人。"主要因为人畜下坡膝部难受，不易负重。骆驼的行进单位叫"连子"，一连子9~11峰。首驼为拉驼人乘骑，尾驼为铃驼。它的鞍架上挂一个直径约20厘米、高约30厘米的驼铃。在沙漠地带，驼队一般为白天休息，夜间行走。一旦驼铃停响，首驼就立即停步，驼铃声能告诉主人是否断连。然而，尽管牧民人背畜驮，历尽艰难，但由于山大沟深、交通闭塞，牧民粮食供应、畜产品外调和物资交流还是十分不便，经济发展受到严重制约。

1954年，肃南裕固族自治区成立后，为了尽快改变交通不便、运输困难的状况，扩大物资交流，发展民族地区经济，改变裕固族地区贫穷落后的面貌，自治区人民政府召开专门会议，研究修建元肃（元山子至肃南）公路，并将修建计划上报，经甘肃省交通厅批准，投资6.28万元，经过10个月的艰苦努力，于1954年底全线修通。这就是肃南县修筑的第一条公路。公路通车后，裕固族牧民奔走相告。世代以肩背畜驮艰难度日的裕固人第一次在大山里见到了汽车，县城沸腾了。身着节日盛装的牧民用新奇的目光注视着奔驰的汽车，心情格外激动。有几位没有见过汽车的裕固族小伙子翻身骑上骏马，追赶奔驰的汽车，与汽车赛跑，逗得大家都乐了。山区公路的畅通，给封闭已久的牧区增添了新的景象，生产和生活物资源源不断运往牧区，帮助裕固族牧民发展生产、繁荣经济。

过去，马是裕固族牧民重要的交通工具

驮垛子

随着我国经济社会的快速发展，公路建设被纳入经济发展的重点领域，肃南公路建设在国家的扶持下，迅速掀起一个建设高潮，全县公路除干线公路由省、市直接管辖外，其余公路均由自治县直辖。已初步形成了以自治县、市为中心的纵横交错、四通八达的公路网络。

截至目前，新建各类重点公路17条，总里程560.44公里，全县有各类营业性车辆近2 000辆（其中货车1 000多辆，客车20多辆，出租车80多辆），更多的裕固人拥有了自己的汽车、摩托车。

抚今追昔，新中国的诞生，自治县的成立，党和政府的关怀，使自治县的交通运输状况发生了天翻地覆的变化，使裕固人的生活日新月异，蒸蒸日上。

第八章
杰出人物

在裕固族的历史中，涌现出了许多杰出人才，他们以民族特有的胸怀和意志铸造着裕固族不朽的丰碑。

智华加木参

智华加木参（1875—1948），支扎寺（青海化隆县）的第一世智华活佛，名智华加木参，又称阿克仁波且，号为爱英旦锦美罗基。系西拉尧乎尔曼台部落（鄂金尼部落）克烈氏族人，今其家族后裔姓贺。智华加木参因极有悟性和灵性，学习了难以计数的经典教敕。后来又去卫地受戒，在许多上师前聆听甚深妙法。在支扎寺做住持后，他在卫地和甘青地区均获盛名。他常赴甘、青等地和西拉尧乎尔各寺院讲授佛典，西拉尧乎尔各寺均有他的居处。他给许多信徒受禁食斋戒。1948年圆寂时73岁，西拉尧乎尔大头目安·贯布什嘉派康隆寺的堪布喇嘛（罗卜藏夏智布）等人作为代表办理后事。智华活佛的著作颇多，他还绘制唐卡，用银汁书写《般若十万颂》，用檀香木雕刻八如来宝塔，并在经堂内塑造佛像多尊。有传记行世，寺院有他的灵塔。

安进朝

安进朝（1890—1958），大河乡西岭村人。1902年继任亚拉格家部落头目，1939年被青海佑宁寺土观活佛和马步芳委任亚拉格家千户。到1953年，是裕固族地区两个千户之一。1947年成立保甲制度时被委任张掖县康乐保长，张掖县参议员。安进朝任千户期间，裕固族内部已形成了一套完整的封建统治制度，权势仅次于大头目，许多部落的重要任务、总圈头的更换都要与他商量。1949年后，根据党的民族宗教

安进朝

和统战政策，安进朝以少数民族中有影响的上层人士列为统战对象，1953年被吸收进革命队伍，任肃南裕固族自治县筹备委员会副主任，1954年任自治县第一届政协副主席。他积极拥护中国共产党的领导，拥护社会主义制度，为自治县的筹备，维护民族团结，执行党的民族政策等方面做了很多有益的工作。

顾嘉堪布

顾嘉堪布（1897—1943），法名罗桑钦利嘉木措，水关乡西河人。4岁入长沟寺，9岁入马蹄寺学经，17岁赴青海互助县佑宁寺深造，25岁回慈云寺后受土观活佛之命，住持慈云、红湾、莲花、西藏、文殊五寺，并择定吉日正式坐床，取得堪布之称，从此成为祁连山北麓著名的宗教领袖。顾嘉堪布为民办了很多好事，最大的功绩在于以宗教家的身份兴办教育。1935年，提出“新学育人”的主张。1937年，组成“祁连山抗日救国宣传团”，动员民众捐献物资，并亲自送往兰州，支持抗战。1939年，受到蒙藏委员会嘉奖。抗日战争期间在肃南裕固族自治县境内办起了西藏寺、慈云寺、红湾寺、马蹄寺、莲花寺、明海寺6所小学。他经常用精通的汉语、裕固语、藏语、蒙古语宣传各民族相互尊重、互助互利，兴办教育，提高文化素质，以文化促文明、以文明促生产的道理。

顾嘉堪布把全部心血都倾注到民族教育上，由于积劳成疾，1943年，因患肺病治疗无效在酒泉钟楼寺与世长辞，享年46岁。

安·贯布什嘉

安·贯布什嘉（1898—1958），康乐乡红石窝人。裕固族最后一任大头目，肃南裕固族自治县第一任县长，对甘、青、新三省边界的社会治安和民族团结做出了突出贡献。

1910年，继任“七族黄番”总头目，当时年仅12岁。袭职39年，是裕固族最后一位“总管”。1949年，解放军到达张掖

安·贯布什嘉

时，他向部落下令，由正副头目赶着牛、羊，到张掖迎接解放军，表示慰问，并明确表示“七族黄番”诸部落愿意服从和接受共产党的领导。新中国成立后，他积极拥护党的领导，学习、宣传党的民族宗教政策，身体力行地做民族中上层人士和宗教界人士的工作，参与民主改革。1953年7月参加工作，历任肃南裕固族自治县筹委会主任、县政协主席、县长、县人民法院院长等职。协助人民解放军开展剿匪肃特斗争，组织牧民为抗美援朝捐款捐物。带头实行草原统一划分、统一管理，投身民主改革，促进社会主义改造，为牧区社会主义革命和建设做了许多有益的工作。2009年国庆节前夕入选“60位感动甘肃人物”，成为新中国成立前后为甘肃各项事业做出突出贡献的各行各业英雄模范人物的代表。

贺遐志

贺遐志

贺遐志（1905—1975），大河乡西岔河人，中共党员。8岁时入水关寺当班弟，1927年赴马蹄寺学经6年，而后一直在水关寺担任管家，从事宗教活动。1950年，参加革命工作，由宗教职业者转为国家干部。从此，他以中共党员的身份在民族统战和民族团结方面做了大量工作。1952年受到毛泽东主席以及其他党和国家领导人的接见。

郭怀成

郭怀成（1916—1983），明花乡深井子村人，中共党员。1941年在西训团酒泉第一边疆青训团受训，1943年去西安黄埔军校第七军校十九期学习班学习。1947—1949年，历任甘肃省第七区保安团搜索队中队长，酒泉县“戡乱建国委员会”委员，酒泉县参议员、人民代表等职。

◀ 郭怀成

1957年国庆，他以甘肃省少数民族参观团团长的身份，在天安门向毛泽东主席敬献了哈达，毛主席亲切地说：“你是甘肃少数民族的喜儿。”周恩来、陈毅、乌兰夫宴请了郭怀成团长。

拉姆什旦

拉姆什旦，女，1918年出生，大河乡西岭村人，中共党员。1964年，她出席了全国第三届人民代表大会，成为首位裕固族全国人大代表。自那时起，每届全国人民代表大会都有裕固族的代表。不仅如此，党的全国代表大会、政协全国委员会都有了裕固族的代表、委员，充分体现了各个民族不分大小，政治上一律平等的原则。

◀ 拉姆什旦

老藏丹巴

老藏丹巴，1931年出生，肃南裕固族自治县西八个家（部落）人。1938年冬，赴青海塔尔寺学习宗教佛学。通过不断刻苦学习，很快在大金瓦寺众多阿卡中脱颖而出，尤其在每次的辩经大法会上，他都以其出众的佛学阅历和认识巧妙回答对方的问题，在会场上常常是

◀ 老藏丹巴

妙语连珠，一语惊人，赢得众多僧家刮目相看，年仅23岁时就被居巴扎桑提升为僧官，分管本寺院的各项佛事活动。

1958年，反封建斗争扩大化时期错定为叛乱分子，并先后被遣送青海海西和肃南县大岔牧场等地劳动改造了7年，1964年刑满后在大岔牧场从事畜牧生产和劳动，1979年落实政策时，撤销了对老藏丹巴的错误判决。平反后随着国家对少数民族宗教政策的进一步落实，1981年他在塔尔寺西纳活佛的要求下再度回到居巴扎桑学习和研究佛学。老藏丹巴对藏传佛学显宗以及密宗的研究方面都有非常深厚的造诣，他精通佛教天文、佛教哲学、佛教文学、佛教地理、历算等众多学科，精通多种语言，现为青海塔尔寺大喇嘛、高级提经、高级经师及居巴经院总管。

老藏丹巴虽为青海塔尔寺高僧，但为肃南县佛教事业做出了不可磨灭的贡献：为重新修建肃南裕固族自治县红湾寺、长沟寺、大经轮和若干佛塔等佛教故址倾其所有信徒布施的金钱财物，并亲自选址，不顾高龄参与其中。他以虔诚、无私博爱、众生平等、善良仁慈等品德对肃南裕固族自治县宗教事业的影响意义深远。

郑桂兰

郑桂兰，女，1942年出生，大河乡老虎沟人，中共党员。1956年卫生部派医疗队来到肃南牧区，当时不到14岁的郑桂兰被医疗队选上，后带到兰州（省医疗队）进行专门培训。经过两年多的学习，她放弃兰州的工作和良好的条件，执意回到了缺医少药的家乡——肃南，一直在县医院工作了46年，直到退休。她是裕固族第一代医务工作者，在她工作期间，虚心学习，努力提高医术，她背着药箱，跑遍了肃南的山山水水，一草一木都有她的辛勤汗滴。1983年9月，郑桂兰被甘肃省委、省政府授予“甘肃省少数民族地区先进科技工作者”的光荣称号。

郑桂兰 ▶

安国庆

安国庆，1955年出生，康乐乡人，中共党员。1978年毕业于甘肃农业大学，高级畜牧师。中国草原学会会员，甘肃省草业学会会员，肃南县科学技术学会会员。1978年9月—1989年9月，独立主持完成了“高寒牧区优良牧草品种引种筛选试验研究”。获市级先进工作者荣誉称号3次，科技成果四等奖1次；1989年10月—1994年3月，主持完成了草原执法体系建设和草原有偿承包试点工作。完成了4区1场255.7万亩草原承包工作，荣获国家农业部先进工作者荣誉称号1次，县级先进工作者荣誉称号1次；1994年4月—1999年9月，主持完成“生物技术防蝗试验研究”和“祁连山毒草治理技术与试验示范”，研发高效低毒化学除草剂配方两个，成果处于同类国际先进水平，获市级先进工作者荣誉称号4次，科技进步一等奖1次，县级先进工作者荣誉称号4次；2000—2013年，参加完成“围栏封育对提高黑河源流区草地土壤抗蚀的研究”，获甘肃省水利厅科学技术进步工作重大贡献一等奖两次。同时，在国家和省级刊物上发表论文10篇，完成重要技术报告16部，获得优秀论文奖3次。他对肃南牧草改良、防止退化做出了突出贡献。

◀ 安国庆

杨永贤

杨永贤，1955年出生，肃南裕固族自治县人，中共党员。肃南裕固族自治县第一位获得记者职称的裕固族，现为中国摄影家协会会员、中国广播电视学会会员、甘肃省民间文艺家协会会员。

截至目前共发表图片2 000多幅，其中30多幅在全国、全

杨永贤 ▶

省、全市摄影大赛中获一、二、三等奖。1985年获全国边陲优秀儿女铜质奖、获团中央表彰奖励。1990年，获中共甘肃省委“全省优秀新闻工作者称号”。1991年，获全国优秀新闻工作者称号。2013年4月，摄影作品“裕固人的新视角”获全国群众摄影艺术作品征集“优秀奖”。

安国锋

安国锋，1958年出生，康乐乡人，中共党员，中央党校函授学院行政管理专业，大学学历。作为长期从事牧区工作的一位土生土长的少数民族干部，工作期间安国锋以培养壮大细毛羊为主线，狠抓畜种改良、科技示范、基地建设、标准化生产和市场流通的农牧村工作思路，有效加快了细毛羊产业发展步伐。经过多年的不懈努力，2008年全县细毛羊饲养量达57.3万只，生产羊毛124万公斤，农牧业增加值达1.95亿元，全县农牧民人均纯收入达5 522元，其中70%以上来自细毛羊产业。

安国锋 ▶

在发展优质高效畜牧业的同时，他主动走出去与省内外一些知名企业联络，利用县域内丰富的水能、矿业资源吸引客商投资开发，使肃南裕固族自治县的经济逐渐形成了以工业为主导型格局。

以“农牧民向城镇转移、向市民转变”的发展思路，依托生态易地搬迁、退牧还草、扶持少小民族发展等项目的实施，先后从祁连山水源涵养区易地搬迁牧民5 000多人，修建农牧民集中定居房屋1 400多套，配套文化、教育、卫生、广播电视的设施，使牧民集中定居率达到了45.2%。

他在教育、卫生、文化等方面加大了基础设施建设力度，完成了6个乡镇学校教学楼和寄宿楼建设任务，使全县教育教学设施大为改观。不断健全完善县、乡、村三级医疗服务机构和设施、设备，极大地改善了医疗卫生条件。争取组织实施广播电视“村村通”工程，使全县电视人口覆盖率达到了96%。

在民族地区，各民族之间的和睦相处显得尤为重要，安国锋同志在多年的工作实践中，坚持模范执行党的民族宗教政策，常常利用一切机会，走访各界人士，宣传民族宗教政策，引导各族群众相互尊重，搞好团结，和睦相处，为经济建设和社会各项事业发展创造条件。

2009年国庆节前夕，在北京召开的第五次全国民族团结进步表彰大会上，安国锋又一次被表彰为全国民族团结进步模范个人，先后受到胡锦涛总书记等党和国家领导人的亲切接见。

钟进文

钟进文，1963年出生，明花乡人。博士，教授，博士生导师，中共党员。1988年毕业于北京师范大学，现任中央民族大学文学院副院长、少数民族语言文学系主任。1996年获中央民族大学硕士学位，同年获全国高等院校“霍英东教育基金”；1999年获文学博士学位；2000年获国家社科基金；2002年获国家留学基金；2004—2006年获“日本学术振兴会”特别研究员基金，在京都大学从事博士后研究。主要著作有《裕固族文化研究》《甘青地区特有民族语言文化的区域特征》《西部裕固语描写研究》，主编有《中国裕固族研究集成》《国外裕固族研究文集》《肃南裕固族自治县明花区志》，在国内外学术刊物发表论文、译文60余篇。他是学术界公认的自中国改革开放以来对裕固族研究做出杰出贡献的学者，在国内外享有良好的学术声誉，为裕固族文化研究做出了显著贡献。

◀ 钟进文

安永贵

安永贵，1963年出生，肃南裕固族自治县人，中共党员。1987年毕业于兰州医学院。2000年获医学硕士学位，外科主任医师。擅长肝胆外科、普外科、骨科疾病诊治。张掖市科技拔尖人才，市级学术带头人，中华医学会张掖市分会会员，《中国医学理论与临床实践》副主编。先后荣获“甘肃省青年联合会委员”“跨世纪学术技术带头人”“张掖地区专业技术拔尖人才”“第四次全省各族青年团结进步模范个人”等荣誉称号，被聘为市医学会医疗事故技术鉴定专家库成员和张掖市药学会理事。在国家、省级刊物发表论文17篇，“实用新型一次性输液器”获国家专利，担任《中国医学理论与临床实践》副主编。

安永贵

黄晓军

黄晓军，1971年出生，肃南县康乐乡人，中共党员，先进工作者，优秀共产党员。2013年，获全省全市优秀查验员标兵称号。2010—2014年，荣立个人三等功三次、嘉奖两次。被省、市交警总队、支队先后确定为车驾管制法标兵。2011年，进入省交警总队成为全省车管业务督导组成员。2012年，总队抽调其为全省编写车驾管教材，被交警总队确定为违规车辆鉴定委员会成员，并被推荐进入公安部车驾管专业人才库。

黄晓军工作严谨，业务精通，是裕固族警察中的佼佼者，也是裕固族唯一的全国违规车辆鉴定专家。

黄晓军

参考文献

1. 贺青松. 肃南纵横. 兰州：甘肃文化出版社，1994

2. 田自成，多红斌. 裕固族风情. 兰州：甘肃文化出版社，1994

3. 中国人民政治协商会议甘肃省委员会文史资料和学习委员会，中国人民政治协商会议甘肃省委员会张掖地区工作委员会，中国人民政治协商会议肃南裕固族自治县委员会. 中国裕固族. 兰州：甘肃人民出版社，1997

4. 钟进文. 中国裕固族研究集成. 北京：民族出版社，2002

5. 高自厚，贺红梅. 裕固族通史. 兰州：甘肃人民出版社，2003

6. 张志纯，安永香. 肃南史话. 兰州：甘肃文化出版社，2007

7. 安维武. 裕固家园. 兰州：甘肃文化出版社，2008

8. 裕固族历史文化长卷创作组. 裕固千秋. 北京：中国民族摄影艺术出版社，2009

9. 贺敬农. 肃南裕固族自治县标准地名录. 北京：民族出版社，2010

10. 高林俊. 中国裕固族传统文化图鉴. 北京：民族出版社，2010

11. 王锐. 裕固族当代文学创作论. 兰州：甘肃人民出版社，2012

图片提供者 

（按姓氏音序排列）

贺冬梅
第135页（上）

黄泥堡裕固族乡政府
第128页（上）
第129页
第130页
第131页

秦学仁
第101页
第116页（上）

佘作军
第117页
第118页（上）

肃南县摄影家协会
第11页
第12页（下）
第14页
第16页
第17页
第18页
第19页
第25页（下）
第26页
第27页
第33页
第41页
第42页
第43页
第45页
第46页
第47页
第50页
第51页
第52页
第53页（实物）
第54页
第55页
第56页
第57页
第58页
第59页
第60页
第61页
第62页
第64页（下）
第63页
第65页
第66页
第67页
第68页
第69页
第70页
第71页
第79页
第80页
第88页
第92页
第93页
第94页
第97页
第98页
第99页（上）
第104页
第105页
第106页
第111页（下）
第112页
第113页
第114页
第115页
第116页（下）
第118页（下）
第123页
第124页
第125页
第126页（上、右一）
第128页（下）
第134页（下）
第136页
第137页
第138页
第139页
第140页
第141页
第143页（下）
第144页
第146页
第148页
第149页
第150页
第151页
第152页
第153页
第154页

王政德
第10页
第12页（上）
第23页
第24页（上）
第32页
第34页
第35页
第40页
第64页（上）
第73页
第74页
第75页
第76页
第81页
第82页
第83页
第84页
第85页
第99页（下）
第102页
第103页
第107页
第108页
第109页
第110页
第111页（上）
第122页
第126页（左一、中）
第134页（上、中）
第135页（下）
第142页
第143页（上）
封面

魏峰
第48页
第53页（人物）

杨永贤
第24页（下）
第25页（上）
第28页
第29页
第30页
第31页
第37页
第38页（上）
封底

钟福明
第96页

钟静想
第38页（下）

钟联民
第22页

后记 

在众多资料的搜集后，数易文稿，《走近中国少数民族丛书·裕固族》一书终于完成了。付梓之日，我们为做了一件对本民族有益的实事而欣慰。

祁连山下，丝绸古道河西走廊腹地，居住着我国唯一、甘肃地区特有的少数民族——裕固族。人口一万多人，历史却非常悠久，风土人情独具特色。但是，由于裕固族文字失传，且世代逐水草而牧，迁徙频繁，所以世人知之不多，记载自然也就很少了。近些年来，由于宣传力度加大，也有许多文章问世，裕固族才逐渐为世人所知晓。

由于本民族文字的失传加之语言传承的缺乏，裕固族面临着一系列的濒危问题，这也是少数民族经济发展中遇到的困惑，一方面需要经济发展来改善生活，享受社会发展带来的优越成果；另一方面是面临传统文化逐渐慢慢流失，如不加以整理留存，会消失殆尽。这也是编写此书的初衷。

在一本篇幅有限的普及性读物中，详详细细地介绍一个民族是不大可能的事情。但是，我们力求使本书具有学术性、实用性、资料性，力争比较全面再现其生活原型，讲求忠实记录其本来面目。

承蒙厚爱，感谢韩正明、安国锋、杨新年、郑荣兰、赵建勤、安桂香、赵学斌的大力支持，感谢多红斌、秦学仁、田自成、贺冬梅、罗桑、梁顺军、王锐、姚治中（姚帜）、杨永贤、贾生连、安建军、钟福明等同志及肃南县摄影家协会为本书提供的图片、摄影作品，而且为本书早日问世付出了辛勤劳动。在此，表示诚挚的谢意。

本书虽然本着忠实记录、还原生活的宗旨，但毕竟是一本融学术性、实用性、通俗性为一体的著述，所以考实、订正非常具体而又艰难。限于水平及篇幅有限，挂一漏万肯定很多，错误和不足在所难免，敬请批评指正。

董潇红　王政德

2014年12月